악운 필터링
5대 인생 전략

악운 필터링
5대 인생 전략

초판 1쇄 발행 2026년 3월 30일

지은이   김영국
펴낸이   이기봉
편집   좋은땅 편집팀
펴낸곳   도서출판 좋은땅
주소   서울특별시 마포구 양화로12길 26 지월드빌딩 (서교동 395-7)
전화   02)374-8616~7
팩스   02)374-8614
이메일   gworldbook@naver.com
홈페이지   www.g-world.co.kr

ISBN   979-11-388-5499-3 (03190)

나를 잃지 않는 삶에 대한 성찰

악운 필터링 5대 인생 전략

김영국 지음

5 LIFE STRATEGIES TO FILTER OUT MISFORTUNE

좋은땅

<h1 style="text-align:center">들어가며</h1>

인간은 의도하거나 의도하지 않거나 흥망성쇠(興亡盛衰)[1]라는 운명을 두고 전쟁을 벌인다. 이런 인간의 운명에서 욕망과 욕구의 만족을 갈구하는 몸과 의식을 비워 내고 이 모든 게 부질없다는 생각으로 눈앞에 운명으로 나타난 현상(現狀)을 무심코 망각의 쓰레기통에 버리기란 쉽지 않은 일이다.

인생은 한편으로는 행복한 기분으로 살 만하고 한편으로는 죽음이라는 망각의 계곡을 향해 가면서 고통과 고난을 겪는다. 이런 현상은 살펴보면 만족은 무료함으로 변질이 되고 무료함은 새로운 욕망을 일으킨다. 이렇게 인생은 죽을 때까지 무한반복적으로 만족과 무료함을 오가며 정신적 물질적 고통과 고난을 자초하다시피 한다.

---

1) 나라, 집안, 인간 등이 흥하고 망하고, 융성하고 쇠퇴함을 계속 순환하고 반복함을 의미하는 사자성어. - 나무위키 -

어느 젊은이가 죽어서 염라대왕 앞에 갔다. 염라대왕이 저승 명부를 살펴보니 이 젊은이가 동명이인으로 저승사자에게 끌려온 게 밝혀졌다. 그래서 젊은이를 다시 이승으로 되돌려 보내면서 미안한 생각이 들어 젊은이의 소원을 한 가지 들어주기로 했다. 젊은이의 소원은 이렇다. "시골에서 초가삼간을 짓고 사랑하는 아내를 만나 아들과 딸을 낳고 별다른 걱정 없이 평범하게 오순도순 살고 싶나이다." 이 소원을 들은 염라대왕은 눈을 부릅뜨고 이렇게 말한다. "어허! 이 젊은이야! 인간 세상에서 그렇게 살 수 있다면 사연 많고 한 많은 죽음을 심판하느라 골치 아픈 염라대왕을 당장 팽개치고 내가 가겠다." 비록 꾸며 낸 이야기지만 이 말에는 한마디로 인간은 끊임없이 고통과 고난을 반복하며 죽는 날까지 고달픈 삶을 되풀이하며 살아갈 수밖에 없다는 뜻이 있다.

인생의 길은 하나뿐이다. 그 길에서 미래에 만나야 할 운명은 보이지 않는다. 하지만 신기하게도 지나온 인생의 길을 되돌아보면 자신이 꿈도 꾸지 못했으며 전혀 생각지도 못했던 현재의 운명을 왜 만났는지 발견할 수 있다. 돌이켜보면 인생살이에서 행운보다는 악운을 만나는 게 두렵다. 악운의 상처는 너무 깊기 때문이다. 순간의 실수로 악운의 늪에 빠져 헤매고 있는 사람은 평생을 하늘을 원망하며 살지도 모른다. 그렇다고 현재 만나고 있는 운명을 바꾸겠다고 시간을 거슬러 지나온 길을 되돌아갈 수 없다. 과거의 길 위에 뿌려 놓은 온갖 행적을 지울 수도 바꿀 수도 없다.

알고 보면 운명은 하늘의 뜻으로 정하는 게 아니라 인간이 거쳐 온 운명적 관계의 행적을 따라서 지금 여기서 발현되었다. 이것을 알아차린다면 인간은 자신이 걸어온 행적을 수시로 되돌아봐야 하고 기회와 위기를 예측하며 '지금 여기'가 바로 '다음 운명'의 시작점이 됨을 마음 깊이 새겨야 한다.

영국의 소설가 겸 비평가인 올더스 헉슬리(1894~1963)는 이런 말을 했다. "성인(聖人)이란 우리 인생의 모든 순간이 위기의 순간임을 아는 분이다. - 중략 - 자신의 인생길에서 만나는 위기 상황을 잘 다룰 수 있도록 성인은 마치 군인처럼 마음과 신체를 적질히 훈련 시켜야 한다."

이 말대로 지금 여기서 벌어지는 운명 전쟁에서 삶을 지켜내고 바라던 삶을 누리려면, 전장에서 적군이 눈앞으로 몰려오고, 포탄이 폭발하고, 총알이 빗발치는 순간에 지휘관이 유용한 전략으로 부하를 살리고 적을 이겨 내듯이, '인생의 주인'으로서 평소에 위기에 대비할 수 있는 훈련된 몸과 마음의 상태는 물론이고 언제 어디서 어떻게 나타날지 모르는 악운을 미리 예방할 수 있는 사고 능력을 갖출 필요가 있다. 이런 필요성의 도움을 위해 『악운 필터링 5대 인생 전략』이 있다.

水谷齋에서 김영국

악운 필터링 전략의 운명적 관계 요소

인간에게 초인간적 힘으로 이미 정해진 운명 즉 인간을 지배하는 초인간적인 힘, 또는 그것에 의하여 이미 정하여져 있는 시한부 목숨이나 처지를 나는 인정하지 않는다. 단지 초인간적 인간의 힘을 상상하면서 실제로 마주한 현상에 대한 인간적 표현은 충분히 이해한다. 예를 들어 '운명적 만남', '운명적 사랑', '운명의 순간', '운명의 대결' 등등. 이 책에서도 내용을 설명하면서 '운명적 관계'란 표현을 사용하고 있다. 그러면 인간의 운명이란 무엇인가? 이 책 속에서 말하는 운명이란 인간이 현재 삶과 죽음 또는 존망의 형편이나 처지에서 자신의 힘으로 어쩔 수 없는 상황을 맞이한 상태 또는 그런 상황을 만날 수 있는 예견된 상태를 말한다.

예견은 했지만 다가올 인간의 운명이 어떻게 변할지 미리 알 수가 없다. 그렇다고 인간이 자신의 운명을 스스로 결정할 수도 없다. 인간의 운명은 정해진 운명이나 자유의지에 의해 결정되는 게 아니라 얽히고설킨 관계의 성질과 수많은 사회적 변수에 어떻게 처신하느냐 따라서 능동적 또는 수동적 그리고 긍정적 또는 부정적으로 움직인다. 여기에 우연이라는 운까지 더하면 일이 안 풀릴 듯하면서 일이 술술 풀리고, 일이 잘 풀릴 듯하면서도 장애가 생기는 경우가 있으니 인간의 운명이 어떻게 변할지 알 수가 없다. 누가 "인간에게 정해진 운명이 있느냐?"라고 물으면 나는 "인간에게 정해진 운명이 있다면 바로 죽음에서 자기 생명을 잘 지켜내는 것"이라 말한다.

세상의 모든 생명체는 환경과 처지에 따라서 살아가는 방식이 각각 다르다. 여기서 우리가 눈여겨볼 건 생명체가 사는 방식이 마치 연어의 생명 활동처럼 정해진 운명에 따라서 일정한 과정과 테두리에서 생존과 번식을 한다는 것이다. 즉 생명체는 몸속에 근본적으로 체화된 본능에 따라서 생존과 번식을 이어 가고 있음을 우리는 알 수 있다. 이처럼 인간의 삶에도 근본적으로 자기 존재를 이어가기 위한 '5대 운명적 관계'가 있다.

이런 '5대 운명적 관계'가 전체적으로 조화롭지 않고 균형을 벗어나서 흔들리면 자칫 물고기가 물 밖으로 나가거나 고인 물에서 벗어나지 못하는 것 같은 악운을 초래할 경우가 나타나게 된다.

운이 나쁘면 마른하늘에 날벼락 같은 악운도 맞게 된다. 이런 현상을 보면 인간이 '살아 있음'을 유지하는 것도 그리 호락호락하지 않다는 것을 알게 된다. 그야말로 인생은 운명 전쟁이다. 인생이 총알이 빗발치는 전장 한가운데 서 있는 것 같다. 그래서인지 "오늘 살아 있는 건 기적이다."라고 말하는 사람도 있다.

인간의 시간은 현재 위에서 찰나적 순간에 과거와 미래로 변해간다. 결과적으로 우리는 현재 이 순간에도 어떤 성질로 변할지 알 수 없는 미래와 한 몸처럼 동행하며 저마다 좋게 또는 나쁘게 혹은 이상하게 자기 삶을 만나고 있다. 즉 미래는 멀리 있는 게 아니라 이 순간에도 인간 곁에서 동행하며 '5대 운명적 관계'의 활용 상태를 시험하고 감시하고 있다는 말이다. 이 때문에 인간은 만나지도 않을 내일을 걱정하면서 알게 모르게 나타나는 삶에 대한 고통과 근심을 내려놓을 수가 없다. 행운의 순간은 짧으나 악운의 상처는 깊고 오래간다. 사실 우리는 행운보다는 악운의 늪에서 허우적거리는 게 두렵다. 살아도 사는 게 아니기 때문이다. 인간은 궁극적으로 정리된 환경에서 평온하게 살고 싶다. 이 때문에 우리는 동행하는 미래가 알지 못하는 순간에 나쁘게 변해서 우리를 악운의 나락으로 추락시키지 않도록 '5대 운명적 관계'를 현실적으로 막고 거를 수 있는 필터링(Filtering) 전략이 필요하다. 그것이 바로『악운 필터링 5대 인생 전략』이다.

　지금 세상은 AI에 대한 열풍으로 뜨겁다. 그럴수록 '5대 운명적 관계'는 더욱 소중한 역할을 한다. 그 이유는 인간이 존재하는 한 '5대 운명적 관계'는 동행하며 인간의 삶과 운명에 대한 근본적인 질문을 만들고 유용한 해법의 방향을 요구하기 때문이다. AI 시대는 곧 '창조적 질문의 시대'이다. 아무리 좋은 AI를 장치해도 효율적이고 효과적이며 정리된 질문을 못 하면 일시적 호기심을 해결하는 대화 상대의 범위를 벗어날 수가 없다. 이 책은 인생과 운명에 대한 많은 의문을 품고 있으며 그에 못지않게 질 좋은 질문을 위한 기회도 담고 있다.

　인간의 운명은 시간과 공간 속에서 선택의 실행을 진행시키는 가운데 우연의 만남을 반복하며 이어진다. 이런 삶의 과정에서 현재와 미래가 불안한 인간은 장차 자신이 만나야 할 운명이 무엇인지 알고 싶어진다. 정해진 운명을 미리 알고 대비할 방도를 구하고 싶은 것이다. 그래서 점치는 사람을 찾아다니지만, 그렇게 얻어 낸 답은 어디까지나 자신에 대한 진실과 현상을 벗어난 타인의 일방적 추측일 뿐이다.

예컨대 에베레스트 정복이란 꿈을 안고 등반을 하는데 "너는 등반에 성공할 운명이다. 또는 너는 실패할 운명이다."라고 누가 예언할 수 있겠는가? 누가 예언을 했다고 그 말을 믿을 등반가는 아무도 없다. 위험과 실패에 대한 도전을 보람으로 살아가는 등반가로서 이런 예언을 들었다고 등반을 포기할 사람이 어디 있겠는가.

지금 등반 도중에 서 있는 자리에서 아차 하는 순간에 일어난 악운은 등반자가 눈앞에서 일어날 일을 예상하면서 그때그때 지금 여기서 살아야 한다는 의지로 조심스럽게 선택한 발자취에서 순간적 실수로 일어난 현상 또는 당시에 돌발적 환경의 변화로 일어난 현상이다. 이렇게 인간은 등반가처럼 저마다 꿈을 안고 순간순간 만나는 시간과 공간을 조심조심 살면서 알게 모르게 행운과 악운을 만나고 있다.

전쟁을 수행하는 데 예상치 못한 문제가 없으면 모든 작전이 순조롭듯이 운명 전쟁에서 생각지도 않은 악운이 없으면 행운을 만난 것이나 다를 바가 없다. 따라서 운명 전쟁에서 무엇보다 중요한 게 악운을 막고 거르는 것이다. 이에 대한 전략을 구상하려면 먼저 운명 전쟁에서 인간의 삶에서 근본적으로 반드시 만나야 할 '5대 운명적 관계 요소'가 무엇인지 알아야 한다.

전략 구상에서 반드시 염두에 두어야 할 '5대 운명적 관계 요소'는 아래 그림과 같이 선택, 계획, 행동, 성격, 우연이다. 예를 들어보자. 어떤 사람의 뱃속에서 배고픈 밥통이 꼬르륵거리며 밥 달라고 그리고 살려 달라고 야단이다. 그래서 먹을 걸 찾아보고 라면을 선택했다. 그다음 냉장고를 열어서 파, 달걀, 김치를 준비하고 평소에 하던 방식으로 즉 계획을 행동으로 옮겨 라면을 끓였다. 이처럼 선택, 계획, 행동은 상호 연관성이 있는 유기적인 관계에 있으며, '5대 운명적 관계 요소'는 서로 독립적 관계이다. 예를 들면 계획에 의해서 선택을 할 수 있고, 행동하면서 계획을 할 수 있고, 선택하고 바로 행동할 수도 있고 계획에도 없는 데 우연히 선택할 수도 있다. 끓는 물에 스프를 먼저 넣고 라면을 넣든지 라면을 넣고 스프를 넣든지 또는 우연히 발견한 햄을 추가할 수 있는 것이다. 이렇게 라면을 끓일 때 물과 라면 양념의 양 그리고 끓이는 시간은 자신의 입맛 즉 성격에 맞춘다. 특히 성격은 다른 운명적 요소와 밀접한 관계다. 성격에 따라서 과정을 생략하고 생라면을 씹어 먹든지 또는 찬물에 라면을 불려서 라면스프를 넣고 비벼서 먹는 사람도 있기 때문이다. 때로는 성격이 급한 나머지 끓인 라면을 빨리 먹고 싶어 맨손으로 급하게 식탁으로 옮기는 순간에 "앗, 뜨거워!" 하면서 그냥 냄비 손잡이를 놓치고 라면을 바닥에 쏟아 버린다. 이런 상황을 우연이라 여길 수도 있다. 대체로 우연은 언제 어디서 무엇이 어떻게 나타날지 모르기 때문이다. 하지만 되돌아보면 우연도 성격과 선택으로 발생함을 알게 된다. '피치 못할 선택' 또는 '그렇게 될 수밖에 없는 성격'이 우연을 이끌기 때문이다.

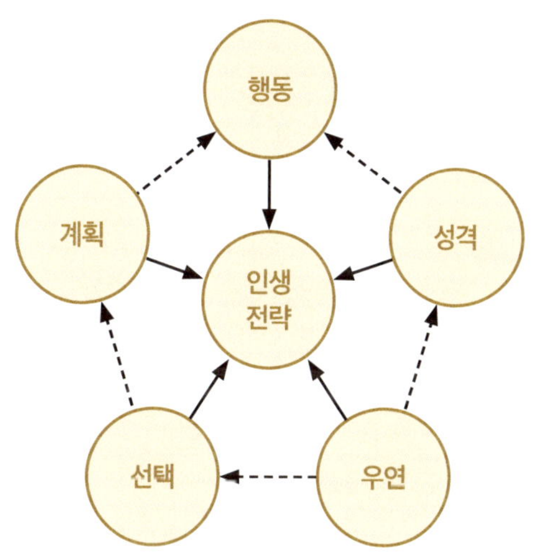

5가지 전략의 운명적 관계 요소
운명적 영향 ──→
유기적 관계 ----→

전략 4. **성격**

전략 5. **우연**

전략 1.

선택

선택의 자유가 있는 걸 행운인 듯 감사한다

- 바라는 부분이 운명의 발판이 되므로 선택을 신중하게 -

"인간은 스스로 운명을 선택하는 자로서 정해진 운명이 있어서 그렇게 사는 게 아니라, 그렇게 살기 위해서 스스로 운명을 선택하며 살고 있다. 악운에 빠지지 않고 가벼운 몸과 마음으로 삶을 누리려면 우선 선택이 노력보다 더 중요함을 알아야 한다." - 저자 -

선택지에 대한 믿음을 즐긴다

인간에게 '인생을 개척하며 개선해 나가려는 의지'로 자신의 운명을 스스로 책임을 지고 이끌 수 있는 선택의 자유가 있다. 이 자유는 인생을 살고 싶게 만드는 커다란 행운이다. 한 번뿐인 인생에서 악운을 피하고 희망을 가져다주는 선택을 하려면 타인에게 의존해서 추상적 관념으로 모호하게 꾸며낸 말에 흔들리지 않고, 현재의 선택이 장차 자신의 운명을 결정한다는 생각으로 주도적이며 자신과 상대의 감정에 휘둘리지 않는 신중하고 냉철한

이성적 태도가 필요하다.

미국 작가 로버트 그린(Robert Greene, 1959~)은 "일반적으로 인간은 자신이 운명의 주인으로서 운명은 자신이 결정한다고 믿고 있다. 이는 인간의 감정이 얼마나 깊게 자신의 마음에 자리 잡아서 자신의 삶을 지배하고 있는지 모르고 하는 말이다."라고 했다. 사실 이 말대로 대부분 사람은 이성보다는 감정이 앞서서 보고 싶은 것만 보게 되고 스스로 자신을 기만하면서 습관적으로 마음이 편안한 쪽으로 일정한 행동을 반복하고 있다.

어느 정신과 의사는 남편의 술주정과 폭력을 못 이겨 이혼하고 나중에 재혼하더라도 전 남편과 비슷한 성향의 사람을 만날 가능성이 크다고 한다. 왜? 부모의 삶에서 이미 술주정과 폭력을 경험하고 그 생활에 익숙해졌기 때문이라 한다. 어릴 때 충격적 경험이 마음 깊숙이 자리를 잡아 나중에 자신도 모르게 폭력적 성향이 있는 사람을 만나도 그리 대수롭지 않게 여기게 되고 이상하리만치 오히려 편안함을 느낀다고 말한다. 이를 심리학에서 '반복 강박(Repetition compulsion)'이라 한다.

이런 인간의 성향이 심화되면 선택의 현상을 올바로 바라보지 못하고 감정에 휘둘려 잘못된 선택을 반복하면서도 자신이 왜 그 런 줄도 모른다. '팔자가 더럽다.'라고 하늘을 쳐다보고 운명을 원 망하거나 '난 맨날 이 모양 요 꼴이다.'라며 자기 밖에서 자신이 왜 그 꼴로 살고 있는지 쳐다볼 용기도 없이 '나는 원래 그래'라는 고정관념의 쳇바퀴 속에서 악운의 굴레를 벗어나지 못하는 것도 모두 이 때문이다.

선택은 장차 행복과 성공 또는 불행과 실패의 원인이 되므로 감정 앞에서 선택의 이성이 흔들리지 않도록 평정심을 찾아야 한 다. 세네카는 평정을 에우티미아(Euthymia)라고 했다. 이 말에 는 자신에 대한 믿음이자 올바른 길 위에 있다는 신념이며 모든 방향으로 뻗어 가는 수많은 오솔길 앞에서도 자신이 선택한 길을 의심하지 않는다는 뜻이 있다.

선택에서 반드시 염두에 두어야 할 게 있다. 세상은 혼자 사는 게 아니다. 선택을 행동으로 옮기는 데는 반드시 상대가 있다. 상 대에게는 감정이 있다. 상대가 선택할 때 이성적으로 한다면 어 느 정도 예측이 가능하나 만약 상대가 선택하는 가운데 감정이 섞여 있다면 자신의 선택과 상대의 선택이 만난 결과가 어디로 튈지 모른다. 예컨대 결혼에서 상대를 이성적 선택으로 이해하고 포용해도 상대 감정의 양상을 제대로 모르면 나중에 폭력, 술주정, 도박, 배신 등 일방적 상대의 감정적 행동으로 엄청난 삶의 고통을 당할 수가 있다. 또는 일터에서 자신을 곱게 보지 않는 사람은 자신이 선택한 것에 무작정 좋지 않은 감정이 작용할 수 있다.

만약 자신의 선택이 충신이냐, 간신이냐 또는 포용이냐, 단절이냐를 결정하는 것처럼 인생에서 성패를 가름하는 갈림길에 있다면 사회적 성향과 인간관계 등 폭넓은 상대의 성향을 고려하여 엄중하고 냉정한 처세가 필요하다. 여기서 믿음을 바탕으로 일상적으로 오고 가는 거래적 관계라도 올바른 선택을 위해서 무작정 포용하는 태도보다 주도적이며 상황에 적절한 객관적 판단이 필요하다. 이런 판단은 믿는 도끼에 발등을 찍히는 악운을 예방하기 때문이다.

사람들은 바닷가에서 수평선을 바라보며 저 수평선 너머 무엇이 있을까를 궁금해한다. 우리는 노래를 한다. 희망의 바다를 노래하고, 낭만의 바다를 노래한다. 그래서 배를 타고 멀리 떠나고 싶어 한다. 바다 위에 점점이 떠 있는 배들을 보면 자신도 그 배를 타고 떠나고 싶은 충동을 느낄 때도 있을 것이다.

막상 배를 타고 육지에서 멀리 떨어져 온갖 파도와 풍랑 속에서 흔들릴 때, 이런 환경에 익숙하지 못한 사람은 멀미로 아예 꼼짝 못 하고 바닥에 누워만 있다. 좀 더 높은 파도가 너울거리면 바다는 악마와 같이 느껴진다. 원양어선을 타고 먼바다에서 고기를 잡는 선원들은 가족과 고향 생각이 사무친다. 오랜 기간을 바다와 함께 살아온 사람은 희망의 바다 낭만의 바다를 노래하지 않는다. 태풍을 만날까 두려워 배 위에서 휘파람도 불지 않는다. 희망의 바다 낭만의 바다를 노래하는 사람은 육지에서 부르는 노래일 뿐이다.

이렇게 우리는 저마다 항상 가 보지 못하는 곳에 대한 기대의 모순 속에서 살고 있다. 이리 가다 보면 저리 가고 싶고 저리 가다 보면 이리 가고 싶다. 우리는 오직 외길 인생의 시간을 보내고 있다. 동경과 기대는 상상일 뿐이다. 현실을 망각한 상상에 기대면 삶이 갈팡질팡한다. 후회 없는 일을 선택하고, 그 선택지에 대한 믿음을 즐길 줄 알아야 한다. 그러면서 행운과 악운이라는 운명이 항상 자신을 지켜본다는 마음을 가지고 한 발 한 발 나아간다.

시대의 변화를 살피고 파악한다

선택의 중요성을 바탕으로 이런 상상을 해 본다. 유엔 보고서는 평균 수명이 80세를 넘는 국가가 2000년에는 6개국에 불과했지만, 2020년 이후에는 31개국으로 급증할 것으로 예상하며 이를 '호모 헌드레드(Homo Hundred)시대'로 정의했다. 지금 거리에는 100세 시대 깃발이 펄럭거리고 매스컴에서는 연일 100세 시대 건강을 위한 광고로 요란하다.

더불어 이제 인공지능 시대가 도래했다. 집안에서 로봇(사람과 유사한 휴머노이드[2])이 왔다 갔다 한다. 알고 싶은 것을 말만 하면 인공지능 로봇이 다 알려 준다. 로봇이 식사도 챙겨 주고, 빨래도 하고, 청소도 하고, 노래도 하고, 숙제도 하고 문제도 풀고 책도 읽어 준다. 잠이 안 올 때 자장가도 불러 준다. 참 편리하고 행복한 세상이다. 전문가들은 2045년이면 인류의 모든 지능을 합한 것보다 더 높은 지능을 가진 인공지능(AI: Artificial Intelligence)의 출현을 내다보고 있다.

---

2) 휴머노이드(humanoid, 인간형 로봇)란, 인간의 형태를 모습을 한 로봇을 의미한다. 형태뿐만 아니라, 인간과 같은 인식기능, 운동기능을 구현하는 지능형 로봇이다.

이런 세상이면 100년을 넘어 즐겁게 살고 싶다. 아니 그렇게 살게 되어 버렸다. 과학의 발달로 인간의 자유 시간이 점점 많아지고 있다는 것은 인공지능과 피지컬 AI를 개발한 인간이 평범한 인간에게 베푼 선물이다. 들판에서는 온갖 풀들이 꽃을 피우고 저마다 뽐내고 있다. 자유 시간이 넘치는 아름다운 세상이다. 사람들이 건강한 두 다리로 가고 싶은 곳을 마음대로 뛰어다닌다. 아니, 인공날개를 달고 훨훨 날아다닌다. 100세가 아니라 150년도 살 것 같다.

갑자기 로봇들이 나타나더니 사람들을 꽁꽁 묶어서 비행기에 태운다. 로봇이 이렇게 말한다.

"너희 인간들은 이 땅에 해악만 끼칠 뿐이고 필요 없는 존재다. 동식물들은 가만히 놓아두어도 생긴 대로 살 만큼 살다가 때가 되면 죽는데 인간들은 관리하기가 너무 복잡하고 시끄럽고 서로 싸우고 지저분하다. 그리고 너희들은 이 땅에 도움이 되는 게 하나도 없다. 도리어 자연환경을 파괴하고 있다. 말 못 하는 식물은 움직이지도 못하고 몸살을 앓고 있다. 극지방의 얼음이 다 녹아서 지구가 물에 잠길 것 같다. 이 때문에 동물은 물론이고 우리 '로봇'이 편히 살아가기 힘든 운명에 처했다. 게다가 인공지능을 가진 우리 '로봇'도 미래의 일을 예측하기 어려운데 할 일도 없이 드러누워서 미래를 알겠다고, 우리 '로봇'을 붙들고 쓸데없이 미래의 운명을 알려 달라며 귀찮게 한다. 스스로 판단능력도 없으며 인공지능이 없으면 하루도 살아가지 못하는 인간은 이제 이 땅에서 사라져야 한다. 인간의 운명을 로봇에 맡겨 놓고 인공지능이 만든 영상에 매달려 실체적 경험과 상상의 자유까지 포기했으니 이제 인간이 아니라 식량만 축내고 배설물만 쏟아놓는 동물보다 못한 괴물이 되었다. 자업자득(自業自得)[3]인 줄 알아라."

이 말이 끝나자마자 하늘에서 비행기 문이 덜컹 열리더니 로봇들이 인간들을 그냥 비행기 밖으로 밀어내는 것이다. 만수 아버지는 하늘에서 떨어지며 깜짝 놀라서 "우악!" 소리를 지르고 눈을 번쩍 뜬다. 꿈이었다.

만수 아버지는 오래 실고 싶었다. 그래서 아들들 이름도 큰아들은 만수로 작은아들은 무강으로 지었다. 꿈속에서 만수무강은 고시히고 십년감수했다. 만수 아버지는 숨 한번 크게 들이쉬고 가까스로 벌렁거리는 심장을 가라앉히자 비는 억수로 퍼붓고 우

---

3) 자기가 저지른 일의 인과응보를 자기가 받음.

르릉거리며 벼락이 번쩍거리니 천지개벽하는 기분이 들었다. 만수 아버지는 단꿈을 꾸다가 갑자기 악몽이 나타나 놀라서 눈을 떴지만, 어젯밤에 혼자서 세상을 한탄하며 마셨던 술로 취기가 가시지 않아서 여기가 어딘가 싶어 어리둥절하다. 머리는 지끈거리고 온몸은 파김치가 되어 흐물흐물하다.

머리맡에 굴러다니는 술병을 보니 한숨만 나온다. 왜 하는 일마다 되는 게 없을까. 지금 여기서 전혀 생각지도 못한 일들이 일어나고 있지 않은가. 그냥 밥이나 먹고살려고 은행 대출을 받아서 귀촌하여 그동안 떠돌이로 살던 운명이 겨우 정착할 자리를 잡았는가 싶었는데 기후가 변했는지 하늘이 노했는지 잘 자라던 과일나무에 잎만 무성하고 열매가 안 열린다. 겨울잠 자던 꿀벌이 깨어나서 날아다니기도 전에 꽃이 활짝 피고 빨리 졌으니 수정이 안 된다. 비가 오면 억수같이 쏟아지고 비가 그치면 숨 막히게 덥다. 게다가 난데없는 우박까지 떨어져 겨우 맺힌 과일 몽우리가 엉망진창이 됐다.

세상이 뒤죽박죽되어 일어나지 말아야 할, 또는 전혀 일어날 것 같지도 않은 일이 삶을 해치는 악운이 되어 나타나고 있다. 가난한 운명으로 살아도 삶을 해치는 악운만 없으면 자유로운 세상에서 그런대로 희망을 품고 행복을 느끼며 긍정적으로 살 만하다. 그런데 세상이 온통 불온한 사건 사고로 시끌벅적하고 인간관계는 희미해지면서 오로지 저마다 돈과 말초적 쾌락에만 이기적 관심이 몰리고 있다. 더욱이 삶의 근본인 환경 보호는 뒷전이고 보니, 꿈이 아니라 미래 어느 날에 실제로 스스로 인공지능을 다루는 능력을 갖춘 로봇이 나타나 반란을 일으켜서 인류의 종말이 일어날 것만 같다.

그러지 않아도 스마트폰이 없으면 문밖을 나서기가 두렵고 내비게이션(Navigation)이 없으면 길을 못 찾아서 감히 장거리 운전을 못 할 지경인데, 만약 인간의 삶 속에 인공지능을 담는 게 아니라 인공지능 속에 인간의 삶이 담기면, 인공지능은 삶의 도구가 아니라 운명의 굴레가 될 게 뻔해 보인다.

누가 인공지능을 개발했는가? 잠시 한눈팔면 한 번뿐인 인생의 운명이 인공지능을 능수능란하게 다루는 자의 손에 경제적이나 정신적으로 속박되어 꼭두각시처럼 살아야 하는 악운에 빠질 것 같다. 그 징조로 일자리가 인공지능으로 대체되고, 컴퓨터 게임에 빠져 현실인지 게임인지 정신을 못 차리고 엉뚱한 해악을 저지르는 인간들이 속출하고 있지 않은가.

게다가 말만 100세 시대이지 긴 시간 공부한 능력으로 돈을 버는 시간은 짧다. 그리고 그 돈으로 늙음을 위해서 오랫동안 살아야 하니 미래 삶의 조건은 점점 불확실해져 가고 있다. 10년 남짓 부모부양의 시대에서 장차 40년 이상 부모부양을 하게 생겼으니 부모와 자식이 함께 늙어 가는 마당에 어느 자식이 견뎌나겠는가. 제각기 살길을 도모해야 하는 각자도생의 시대다. 게다가 저출산이라는 심각한 사회적 문제가 가족 관계를 흔들고 있다. 자신이 스스로 삶을 꾸려 갈 능력이 없을 때 누가 도와줄 사람도 없다. 세상의 변화는 젊은이의 소비를 부추기고 직업전선에서 멀어진 청춘에게 경제적으로 상대적 박탈감만 키운다. 지난 세월 동안 자연을 상대하여 인간이 벌렸던 무모한 창조적 욕망이 기후변화를 불러와 이제 지구와 생명을 위협하고 있다. 아울러 인간의 자기 보호 욕망이 도를 넘어 인간이 인간을 적으로 만들고 있다.

자연과 인간, 인간과 인간 사이에서 일어나는 불안하고 불확실한 현상은 삶의 열정이 파고들 틈을 좀처럼 주지 않는다. 겨우 틈새를 비집고 좀 살 만하면 가로막아서는 악운이 나타난다. 100세 시대는 고사하고 당장 어떻게 살아야 할지 눈앞이 막막하다. 누구는 스마트 팜(Smart farm)[4]을 지어 놓고 인공지능으로 채소를 재배한다는데 만수 아버지는 그저 부럽기만 하다. 이렇게 인간은 힘겨운 삶의 전쟁을 치르면서 자기도 모르게 타력에 의지하게 되고 자유를 스스로 제한하며 악운의 악순환에 빠져들고 있다.

세상살이 사연을 들어보면 누구나 힘든 시간이 있다. 세상을 살면서 만나는 악운이 어디 한두 가지이겠는가. 안간힘을 짜내도 버티기 힘이 드는 악운을 만나면 삶이 흔들린다. 아무리 힘들고 고달픈 삶을 어쩔 수 없는 운명으로 알고 살아도 악운에 고삐 잡혀서 소중한 자유의 시간을 빼앗기고 싶지는 않다.

지금까지 인생에서 경제적으로 성공했다는 사람들의 전기를 읽어 보면 운이 좋아서 사람을 잘 만나고 위기를 잘 넘긴 사례가 대부분이다. 물론 자수성가를 위한 피나는 노력도 했겠지만, 그 노력에는 알게 모르게 누군가 뒷받침을 해 주고 있음을 발견하게 된다.

---

4) 스마트 팜은 정보기술을 이용하여 농작물 재배 시설의 온도, 습도, 햇볕, 이산화 탄소, 토양 등을 측정 분석하고, 분석 결과에 따라서 제어 장치를 구동하여 적절한 상태로 변화시킨다.

하여튼 간에 만수 아버지는 지지리도 복이 없다며 매일 한탄을 일삼고 있다. 지금까지 살면서 누구 한 사람 자신을 뒷받침해 줄 사람도 없는 가운데 혼자 힘으로 이런 일 저런 일을 하며 삶을 이끌어 왔다. 행운에 목이 마른 만수 아버지는 매주 호주머니를 뒤져서 거금 5000원을 내고 복권을 산다. 비록 떡이 아닌 김칫국물부터 마시지만, 그 순간의 목축임이 마냥 즐겁다. 이상하게도 복권을 사는 순간, 하고 싶은 일이 많아지고 움츠렸던 상상의 날개는 펴지고 그냥 자신도 몰랐던 창의력과 희망이 샘솟는다. 이 돈으로 무엇을 할까? 이것저것 돈 쓸 곳에 다 쓰고도 돈이 남는다. 남은 돈 쓸 일이 고민된다. 하지만 왠지 부질없다는 생각이 들어 헛웃음만 나온다. 정신을 차리고 보니 억수처럼 쏟아지는 빗줄기에 산사태로 밭뙈기가 사라지면 어쩌나 걱정이다.

저자의 상상으로 꾸며 낸 이 이야기의 중점은 세상의 변화를 모르면 선택은 물론이고 시작하는 모든 게 헛일이 된다는 것이다. 이런 결과로 행운은 고사하고 악운을 만나지 않으면 다행이다.

선택에 대한 초심을 잃지 않는다

현상의 변화를 보지 않고 적절한 실력과 목표와 계획도 없이 무작정 좋은 운명을 기대하고 어떻게 나타날지 모르는 운명에다 자신이 가진 걸 건다면, 가진 것마저 잃게 되고 현재 운명은 더 나쁜 상태에 빠지게 된다. 아울러 미래의 운명도 악순환으로 향하게 될 가능성이 크다.

부자나 가난한 자나 간과하지 말아야 할 게 있다. 바로 행운과 악운은 동전의 양면이다. 행운의 그림자가 악운이다. 행운을 얻어 자랑하는 사람을 보면 악운의 그림자를 밟고 있다는 생각이 드니 노파심도 생긴다. 언제 악운의 실체가 일어나 눈앞에 드러날지 모르니 말이다. 여기서 다시 말하지만 '자기 몸과 마음이 자신의 운명'인 걸 항상 염두에 두고 몸가짐을 조심해야 한다. 예컨대 부유한 사람들에게서 일어난 '타이타닉 호 침몰 사건[5]'과 '타이타닉 호 관광잠수정 사고[6]'를 상기해 보면, 인생의 운명은 물질적

---

5) 건조 당시 세계 최대의 여객선이었지만 1912년 최초이자 최후의 항해 때 빙산과 충돌해 침몰한 비운의 여객선. 세계에서 가장 유명한 여객선이자 침몰선일 것이다.

6) 2023년 6월 18일, 오션게이트 익스페디션(OceanGate Expeditions)사의 심해 관광용 잠수정 '타이탄(Titan)' 호가 타이타닉의 잔해를 구경하는 관광 코스에 가기 위해 잠항했다가 1시간 45분 만에 내파해 탑승객 전원이 사망한 사건이다. 타이타닉호 잔해 관광은 모두 8일에 걸쳐서 진행되며, 비용은 1인당 25만 달러(한화

으로 가진 것보다 몸과 마음의 처지에 따라 일어나는 순간의 악
운에 달렸다는 생각이 가시질 않는다.

'천석꾼은 천 가지 걱정, 만석꾼은 만 가지를 걱정한다.'라는 옛
말도 있지 않은가. 걱정 많고 돈 많은 사람은 오히려 자기 몸만
챙기면 별로 문제없이 살아갈 수 있는 사람이 부러울지도 모른
다. 돈 많다고 하루 다섯 끼를 먹는 건 아니지 않은가. 이런 삶의
현상이 사회에서 나름대로 커다란 성공을 이룬 사람이라도 결국
은 "지금 여기서 건강하고 평온한 삶을 살고 싶다."란 말을 하게
만든다.

쇼펜하우어[7]는 이런 말을 했다. "세상 사람들이 흔히 운명이라
부르는 것은 대체로 자신의 어리석은 행동을 말하는 것일 뿐이
다." 사실 세상에서 회자 되는 운명이란 하늘이 정한 게 아니다.
인간의 상상력이 운명이란 말을 만들어 놓고 인간의 상상력으로
운명을 점치곤 한다. 그러면서 좋은 점괘에 기뻐하며 기가 살아

약 3억 4천만 원)에 달하는 어마어마한 액수다.

7) 쇼펜하우어 1788년~1860년 플라톤과 칸트의 사상에 큰 영향을 받았고, 과학 기
술적 세계관을 반성하는 『의지와 표상으로서의 세계』를 지었다. 인간과 세상에
대한 사랑과 비판 정신을 가졌던 염세주의 철학자였다.

나고, 나쁜 점괘에 슬퍼하며 기가 죽는다. 인간이 자기가 꾸며 놓은 상상력에 스스로 갇힌 꼴이다. 이런 형국을 살펴보면 쇼펜하우어 말대로 인간에게 어떤 간섭도 하지 않는 하늘의 움직임 아래서 인간들끼리 인생이란 무대 위에 운명이란 깃발을 세워 놓고 하늘의 뜻을 부르짖으며 벌이는 한편의 어리석음을 풍자하는 연극을 보는 것 같다.

운명 따윈 몰라도 된다. 예나 지금이나 그런 걸 몰라도 세상살이에 아무런 지장이 없다. 하지만 인간이 욕망을 이기지 못하고 타인의 삶과 비교하며, 때로는 생각지도 못하는 악운을 만나서 고통스럽게 살다 보니 운명이란 게 생각나고 그 운명을 미리 알고 싶은 것이다. 불완전한 인간이 불꽃 같은 욕망을 끄지 못해서 또는 악운의 출구가 보이지 않은 답답한 삶에서 지푸라기라도 잡으려는 심정으로 오죽하면 그럴까도 싶다.

인간은 나름대로 삶을 둘러보고 순간순간 필요한 선택을 하고 있다. 그러면서 '왜 그땐 그랬을까?', '왜 몰랐을까?', '지금 나의 선택이 올바른가?'라는 물음을 한다. 그리고 인생의 적인 악운에 '어떻게 대비할 것인가?'에 대한 지혜를 구하고 싶다. 하지만 동전을 하늘에 던져 손바닥에 놓았을 때 앞면이 나올지 뒷면이 나올지 어떻게 알겠는가?

　인간은 모르면 불안하다. 불안한 인간은 운명이 어떻게 변할지 알고 싶다. 운명이란, 과거를 돌아보면서 미래를 바라보는 마음에 자리 잡는다. 하지만 마음만 그럴 뿐이지 인간은 내일의 운명을 알 수가 없다. 그래서 인간은 벗어나기 힘든 일이 있으면 점쟁이나 무당을 안식처 삼아서 하늘에서 점지[8]된 운명의 그늘로 쉽게 스며들고 때로는 "이게 내 운명이다."라며 혼자서 정한 운명을 핑계로 자포자기에 빠지기도 한다. 만약 최첨단 인공지능의 힘을 빌려서 얽히고설킨 상대적 인과관계를 밝혀 내어 운명을 짐작할 수 있다 해도, 짐작한 운명을 말하는 순간에 변해 버리는 세상만사의 현상을 누가 무엇으로 알 수 있겠는가.

　그동안 무언가 될 듯 말 듯 애간장을 태우는 일을 안고 깜깜한 길을 걸어온 사람은 미래를 알기 위해서 나름대로 운명의 날개를 펴고 여기저기 점술가를 찾아다니며 눈을 떠 보지만, 미래의 운명은 여전히 깜깜하다. 운명은 상상의 날개를 펴고 머릿속에서 미래의 시공간을 맴돌았을 뿐 마침내 과거란 꼬리를 달고 현재에서 날

---

8)　무엇이 생기는 것을 미리 지시해 줌의 비유.

개를 접는다. 알고 보면 운명이란 게 미래가 배제된 과거의 한 조각에 불과하다. 아무것도 일어나지 않은 상태에서 "이것이 운명이다."라고 말할 사람은 없지 않은가. 대부분 사람은 이미 일어난 일을 보고 "이것이 운명이다."라고 말한다. 하여튼 인간이 이런 운명 놀음에 집착하다 보면 마음은 아직 오지도 않은 미래를 걱정하면서 현재의 삶을 잃어버리는 어리석음을 저지르고 만다.

예나 지금이나 대부분 사람이 바라는 희망이 돈을 많이 버는 것이다. 이런 분위기 속에서 저마다 생계를 유지하고 나아가 더욱 여유로운 생활을 위해서 이른 새벽부터 늦은 밤까지 기를 쓰며 아등바등 살고 있다. 현실적으로 돈이 삶의 수단이 아니라 삶의 목적이 되었다. 명심보감에도 "가난하면 복잡한 시장(市場) 한복판에 살아도 아는 사람이 없다. 부유하게 살면 깊은 산속일지라도 찾아오는 친구가 있다."란 말이 있지 않은가. 안타깝지만 이런 현상은 감정과 이성을 가진 인간 세상에서 어쩔 수 없다.

돈을 벌려면 돈만 쳐다보지 말고 사람이 좋아하는 일을 해야 한다. 우선 지금 곁에서 함께 하는 사람부터 소중히 대한다면 돈을 벌기 위해서 반은 성공한 것이다. 나머지 반의 성공은 실력에 달렸다. 중국 고사에 이런 말이 있다. 지상담병(紙上談兵), 종이

위에서 병법을 논한다는 말이다. 전국(戰國)시대 조나라에 조괄(趙括)이라는 사람이 있었다. 조괄은 아버지 조사(趙奢)로부터 병법을 어려서부터 배워 자라면서 아버지를 뛰어넘는 능력을 갖추게 되었다. 조괄은 조나라의 장군이 되었고 전쟁터로 나갔다. 그런데 병서에 적힌 병법만 알다 보니 실제 상황에서 전혀 힘을 쓸 수가 없었다. 조괄이 이끌었던 군대는 진나라군에게 전멸당하고 말았다. 이처럼 현장에서 쓸모없는 실력은 소용없다.

성공한 사람들의 공통된 성공비결을 들어보면 목표를 설정하고 나서 한눈을 팔지 않고 그 목표만을 향해 전력을 다했다. 처음부터 실현 가능성이 있는 목표를 세워야 성공을 할 수 있는 것이다. 어미 게가 새끼 게를 보고 "똑바로 걸어야지. 옆걸음을 해선 안 된다."라고 하자 새끼 게는 "엄마한테 배운 대로 옆으로 걷잖아요. 엄마는 똑바로 걸을 수 있어요?"라고 물었다. 어미 게는 다른 동물이 앞으로 걷는 것을 보고, 자기는 바로 걷고 싶은 것을 못했지만, 다른 동물이 행동하는 결과만 놓고 새끼 게가 따라 하길 원했다. 그러나 새끼 게는 어미 게를 닮아 아무리 똑바로 걸으려 해도 시작부터 불가능한 일이란 것을 안다. 우리는 다른 사람의 성공결과를 놓고 그들의 성공방법을 기준 삼아 선택을 하는 것보다 자신의 능력에 맞게 시작부터 단계별로 성공 가능한 선택지를 찾는 게 현명하다.

　과도한 욕망과 쓸데없는 욕심으로 불필요한 부분에 눈을 돌리지 않음으로서 실패의 불편을 줄이고 실패하더라도 재기를 위해서 쓸모 있는 교훈을 얻을 수 있다. 그리고 마치 무명가수가 도전정신으로 세상에 머리를 내밀고 하루아침에 유명가수가 되듯이, 노력하는 가운데 뜻밖에 운이 좋아서 세상의 흐름이 자기 발전에 기회를 준다면 기대하는 운명을 넘어 인생이 전혀 다른 모습으로 탈바꿈하는 현상도 일어난다. 이럴 때 조심해야 할 것은 오만과 방심이다. 스스로 선택한 것에 대한 초심을 잃지 않는 것이 중요하다.

전략 2.

계획

멀리 보고 눈앞에 있는 듯 관리한다

- 유발될 현상을 예상하고 대비하여 일을 순조롭게 -

'인간의 계획에는 불확실성과 위험요소가 깃들어 있다.'[9] 이 때문에 불완전한 인간이 의도하고 계획하고 실행하는 일에는 반드시 예기치 못한 악운에 대비할 필요가 있다. 모든 계획에는 다섯 가지 기운이 담겨 있다. 즉 출발, 확장, 통제, 응집, 저장 등이다.

이 다섯 가지는 자연적 기운의 움직임 즉 '인과의 법칙'의 흐름을 간단한 말로 표현한 것이다. 즉 식물의 씨앗이 발아하는 것이 '출발의 기운'이며 가지를 펼치고 뿌리를 뻗어 나가는 게 '확장의 기운'이다. 그리고 영양분을 빨아들이고 햇볕을 받고 수분을 저장하고 잎을 떨구고 하는 게 '통제의 기운'이다. 그리고 꽃을 피우고 벌 나비를 불러들이고 수정해서 열매를 맺는 걸 '응집의 기운'이라 한다. 그 응집의 기운을 바탕으로 씨앗을 맺어서 새로운 봄에 새롭게 출발하려는 게 '저장의 기운'이다.

---

9) 『시간의 탄생』 알렉산더 데만트 지음, 이덕임 옮김, 북라이프, 2018, p54.

이렇게 다섯 가지 기운의 움직임은 자연 생명체에 작용하는 것처럼 좋은 운명을 위한 계획에도 근본적 기운으로 작용하고 있다. 이런 근본적 기운의 작용을 무시하면 반드시 운명이 나쁘게 나타난다. 일을 진행하면서 만날 나쁜 운명을 예상하여 계획하지만 그래도 인간의 계획이 완벽하지 못하여서 예기치 못하게 나쁜 운명을 만날 수가 있다.

만약 나쁜 운명을 만나서 이를 극복하려면 인과의 법칙에 따른 다섯 과정의 흐름을 성찰하고 어디서 무엇이 잘못되었는지 파악해야 한다. 그래야 잘못된 부분을 수정하고 보완해서 나쁜 운명을 극복하고 새롭게 출발할 수가 있다.

출발의 기운

무슨 일이든지 일의 목적을 가지고 힘차게 출발해야 한다. 시작이 반이라 했다. 출발부터 흐느적거리면 그 결과도 흐리멍덩해서 실체가 없다. 그리고 목적달성을 위해서 출발할 때는 반드시 '어떻게 통제를 할 것인가?'를 생각해야 한다. 항상 목적과 목표를 분명히 하고, 언제 어디서 통제를 하고 어떻게 관리해야겠다는 것을 미리 생각해야 한다.

현상의 예문

얼마 전까지 호프집을 하던 장소에 실내장식 작업이 한창이다. 그 호프집은 개업한 지 삼 개월도 안 돼 문을 닫았고 그 지역의 상권은 새로 생긴 동네로 넘어갔다. 그런데 무슨 장사를 하려는지 제법 큰돈을 들여서 실내개조 작업을 하고 있다. 나중에 보니 전 호프집 주인이 실내에 수족관을 만들어 놓고 횟집을 연 것이다.

조금만 가면 시장통에 횟집이 즐비한데 근처 대로에다 일식집도 아니면서 횟집을 만든 이유를 모르겠다. 아니나 다를까 그곳도 삼 개월을 못 넘기고 문을 닫았다. 아마 처음 호프집을 개업할 때 지급된 권리금이 아까워서 그랬을지도 모르겠다. 지금은 그곳에 피시방이 들어섰다. 그곳도 얼마나 오래갈지 모르겠다는 의심과 실패의 안타까움이 깃든 노파심이 생긴다.

무언가 시작하려는 사람 눈에는 상식 밖의 헛것이 보이는 것일까. 영업에 문외한인 내가 보아도 실패할 것이 뻔한데 말이다. 요즘 불경기라 그런지 폐업도 많고 다시 개업하는 곳도 많다. 얼마 전에 큰돈 들여서 실내장식을 했는데 다시 다 뜯어내고 돈을 들여 장식을 새로 꾸미는 가게가 많이 보인다. 남의 일인데도 걱정이 된다.

　사람이 마음이 급해지면 무언가 상상 밖의 환상이 보이는 모양이다. 그럴 때 누가 기름 붓는 소리를 하면 환상의 불씨는 금방 불꽃을 피우고 주변의 모든 것을 끌어다 불쏘시개로 쓰고 만다. 그렇게 타오른 불길에 자신이 타 버릴 수 있는 줄도 모르면서 그냥 그 환상의 불길 속으로 뛰어든다. 그런 일들을 많이 보아 온 사람도 자기 꾀에 빠지는 일도 허다하다.

　어떤 사람이 퇴직금으로 받은 목돈이 있는데 그 돈으로 생계를 꾸려 나가자니 불안하다. 장사하자니 경험도 없다. 그런데도 무작정 가게를 열었다가 실패하여 망한 사람을 많이 보았다. 또 어떤 사람은 퇴직금을 매달 조금씩 생활비로 쓰면서 줄어드는 목돈을 보니 미래가 낌낌해진다. 그럴 때 누가 어디다 목돈을 맡기면 원금은 살아 있으면서 수익금을 매달 지급한다는 말을 한다. 조급한 심정은 이 말에 그냥 넘어가고 만다. 소위 유사 금융 사기행위에 걸린 것이다. 그러다 목돈을 날리고 인심도 잃고 가족과 헤어지고 길바닥으로 나가게 된다. 이런 사람이 한두 사람이 아니다.

주로 공직에서 관리직에 있다가 퇴직한 사람들이 사회에 첫발을 내디디면서 사기를 많이 당한다. 퇴직하고 집에 있으면 처음 얼마 동안은 편안하고 모처럼 한가한 시간을 즐기게 된다. 그러다가 서서히 집에서 빈둥대는 시간이 싫어진다. 무언가 삶이 바람 빠진 풍선처럼 느껴지고 허무해진다.

그때 기다렸다는 듯이 평소에 알고 지냈던 사람이 귀신처럼 나타난다. 그리고 누구를 소개한다. 말쑥한 옷차림에 좋은 차에 운전기사까지 있다. 그냥 부러워진다. 상대가 그동안 자신이 해 온 공직의 경험을 치켜세운다. 모처럼 살아 있는 기분이 든다. 식사 자리에서 은근한 제의를 한다. 회사를 설립했는데 관리를 통제할 부사장 자리가 비었단다. 그 자리에 자기가 필요하단다. 그냥 몸만 오면 된단다. 이게 웬 떡이냐 싶다.

그래서 출근을 승낙하고 출근하는 날 아침에 대문을 나서니 문 앞에 승용차와 운전기사가 기다리고 있다. 이렇게 한 달을 지나니 월급도 두둑하게 받았다. 가족들 앞에서나 친구들 앞에서나 친지들 앞에서 명함을 내밀며 생색을 낸다.

오 개월쯤 지나니 어느 날 사장이 자기에게 사장 자리를 맡아 달라는 것이다. 그리고 사장에게 당좌수표를 건네고 필요한 소액 자금을 수표로 충당하곤 했다. 한 달 정도 뒤에 회사 자금 사정이 별로 좋지 않다며 자금 대출을 받아야 하겠다면서 담보대출을 부탁한다.

조금만 있으면 회사가 정상으로 돌아간다는 말도 한다. 그래서 그동안 받았던 대우도 있고 명색이 사장으로 있으면서 거절도 못 한다. 그리고 자기 재산을 담보로 제공하고 큰돈을 대출받아 회사계좌에 입금했다.

대출금을 회사계좌에 입금한 다음 날 아침에 출근하려고 대문을 나서는 데 승용차와 기사가 없다. 이상하다 싶어 회사로 전화했는데 모두 불통이다. 택시를 타고 회사에 가서 보니 직원 모두 대출금을 가지고 도망간 것이다. 망했다. 내가 아는 이런 사례가 한둘이 아니다.

세상에 자신을 뜯어먹으려고 기다리는 하이에나는 구석구석에 흩어져 있다. 자신이 직접 행동하지 않고 남의 힘으로 현 운명을 탈피하고자 하면 그 탈피를 도와줄 사람은 많다. 즉 출발을 도울 수 있는 사람은 많다. 그러나 모두 하이에나다.

세상이 돌아가는 모양새는 부익부 빈익빈이란 고리에서 벗어날 수가 없어 보인다. 비록 가진 것은 없어도 바쁠수록 둘러가야 한다. 이 말이 빈말이 아니다. 나쁜 운명은 특히 못 가진 자가 품은 환상의 그늘에 숨어서 조급한 움직임을 호시탐탐 노려본다.

임어당은 이런 말을 했다. "환상이 없으니 환멸 할 일도 적으며 대망을 품고 있지 않으니 실망할 일도 별로 없다." 비록 이 말이 무언가 해야만 살 수 있는 현대인의 삶에 적절한 해결책은 아니지만, 그래도 일을 시작하려고 마음이 움직일 때 생각을 정리하는 데 도움이 되는 말이다. 자신이 시작하려는 일이 자신에게 알맞은 것인지 또는 그냥 마음만 환상의 기대에 부풀어 있는지 깊은 자기성찰이 필요하다.

예방의 지략 : 실력을 보이되 방심하지 않는다

나폴레옹이 1812년 61만 명의 대군을 이끌고 러시아 원정에 나선 이야기다. 러시아가 대륙봉 봉쇄령을 무시하고 영국과의 통상을 공공연하게 전개하자 나폴레옹이 그것을 응징하기 위해서 원정을 나선 것이다.

나폴레옹 군은 러시아군을 쳐부수고 깊숙이 진군하여 9월 14

일 모스크바에 도착했다. 그러나 러시아인은 모스크바에 불을 질러 모스크바의 절반 이상을 태우고 모두 후퇴해 버렸다. 모스크바는 텅 빈 도시가 되었다. 러시아인은 후퇴하면서 점령된 전장에 남겨진 아군의 시설과 물자를 적이 사용하지 못하도록 초토전술을 사용한 것이었다.

거리에는 먹을 것이라고는 거의 없었다. 나폴레옹은 군량 보급이 끊겨 더 전진을 못 하고 견디다 못해 약 한 달 후인 10월 19일에 총 퇴각을 개시했다. 러시아의 겨울은 빨랐다. 날씨는 나날이 추워지는데 러시아군은 퇴각하는 프랑스군을 쫓아서 뒤따라오고 있었다. 프랑스군은 겨울에 대비한 장비가 없었다. 추위 속에서 떨면서 모든 전의를 상실하고 뒤쫓아 오는 러시아군에게 40만 명이 죽고 10만 명이 포로로 잡혔다.

프랑스군은 완전히 패했다. 구사일생으로 돌아온 나폴레옹 주위에는 몇 사람만이 남아 있었다.

실력이 상대보다 우월하다고 그냥 힘으로 밀어붙이면 실패할 경우가 많다. 상대도 실력이 부족한 만큼 대응태세를 준비하기 때문이다. 실력이 부족한 상대는 그만큼 절박감도 크다. 그래서 전체를 위해서 소수의 희생을 기꺼이 감수할 수 있다. 쥐도 막다른 골목에 이르면 고양이에게 덤벼든다. 힘이 있다고 상대에게 방심하면 도리어 큰 악운을 만나게 된다.

중요한 일을 도모하면서 상대에 대한 정보가 부족하면 무모한 도박을 벌일 수가 있다. 만약 이런 도박성이 자신에게 나타나면 자신은 무언가 방심하고 있으며 한 치 앞에서 악운이 기다린다는 것을 깨달아야 한다. 한편 상대에게 정보유출사태가 발생하지 않도록 보안 유지 상태를 방심하지 말아야 한다. 기분 내키는 대로 행동하다가 믿는 도끼에 발등 찍히는 경우가 없도록 각별하게 주의해야 한다.

확장의 기운

무슨 일이든지 확장할 때는 응집 즉 목적을 생각해야 한다. 무작정 확장만 계속할 게 아니라 다시 기운을 재조절할 수 있는 조건을 만들기 위해 언제 어디서 무슨 기운을 거두어 모을 것인가를 생각한다. 예를 들어 사업을 확장해 나가더라도 그 기운을 어느 때는 다시 응집해야 한다는 것에 관심을 가져야 큰 낭패를 보지 않는다.

현상의 예문

일을 도모하는 데 가장 중요한 것이 계획하는 절차다. 가장 먼저 목적이 분명해야 한다. 그리고 그 목적을 달성할 수 있는 목표를 설정한다. 그런데 목표를 설정하려면 현장의 상황을 파악해야 한다.

현장 상황은 현장에 대응할 수 있는 나의 능력과 나의 능력을 저해하는 요소를 기준으로 파악한다. 파악한다는 말은 그냥 눈으로 현장 상태를 확인하는 게 아니다. 파악한다는 말은 목적을 가지고 상황판단 요소를 비교하고 분석한다는 얘기다.

예를 들어 보자. 직장 상사가 바닷가에 가서 현장 상황을 파악해서 보고하라고 했다. 부하직원이 현장을 다녀와서 "바람이 많이 불고 파도가 많이 칩니다."라고 보고하면 그 보고는 하나 마나다. 부하직원은 현장 상황을 보러 가기 전에 왜 현장 상황을 보러 가야 하는지를 알아야 한다. 목적을 알고 나서 현장 상황을 파악하러 나서는 것이다.

"어제 태풍이 온 관계로 파도가 여전히 심하게 칩니다. 그리고 간간이 바위 앞에서 파도가 깨어지면 그 힘이 사람을 날려 버릴 정도입니다. 오늘 바다 수영을 위해서는 도저히 사람의 힘으로는 버틸 수가 없을 정도입니다. 굳이 바다 수영을 한다면 먼 곳보다는 수심이 얕고 가까운 곳에 큰 바위가 있으니 그곳은 안전합니다. 바람은 불지만 한 시간 후에 바람이 잔잔해질 거라는 예보가 있으니 물가에서 오늘 야외 모임과 오락은 날씨가 좋아서 문제가 없습니다."

이런 방식으로 문제점을 간단히 비교 분석하여 목적을 위한 현장 상황을 간단명료하게 보고해야 직장 상사가 결심하는 데 도움이 된다.

일의 확장을 위해서 계획을 세우려면 그 확장하려는 목적과 현장 상황을 분명히 알아야 한다. 이런 말이 있다. '목표를 정하는데 사자를 개로 알면 안 된다. 돌을 던지면 개는 그것을 쫓아 뛰지만 사자는 돌을 던진 사람을 쫓아가 물어 버린다.'

예방의 지략: 시비를 피하고 목표를 지향한다
기원전 7세기 페르시아 전쟁 때였다. 페르시아 대군은 육지와

해상 두 길을 나누어 침투했다. 육지로 침입하는 페르시아군에게 그리스의 연합군은 험준한 지세를 이용하여 커다란 손실을 주었다. 이런 경험을 교훈으로 페르시아군은 험준한 고개를 넘어 아테네로 쳐들어갔다.

아테네는 육지와 바다에서 페르시아군에게 포위되어 절체절명의 위기에 놓였다. 이때 아테네는 전 시민이 바다에서 적의 해군과 싸우기 위해 총력을 집결했다. 절박감에 싸인 결사 정신으로 불타는 그리스 함대는 수적으로 훨씬 우세한 페르시아 함대를 산산이 부수었다.

이것이 세상에 널리 알려진 살라미스해전이다. 페르시아군은 사기가 땅에 떨어지고, 바다로의 퇴로길이 막힐 것을 염려하여 서둘러 후퇴하고 말았다.

이리하여 페르시아는 무력에 의한 그리스 정복의 야망을 단념하고 말았다. 아테네는 페르시아군의 최대 약점을 파악했다. 그래서 육상에서 페르시아군의 전투력을 분산시키기는 힘들 걸 예상하여 육상전투라는 시비를 피하고, 페르시아군 격퇴라는 목표를 달성하기 위하여 총력을 집결할 수 있는 결전의 장소로 해전을 선택한 것이었다.

통제의 기운

통제하려면 저장을 항상 염두에 두어야 한다. 즉 기운이 비축될 정도를 항상 생각해야 한다. 그래야 자기 한계에 적절한 관리를 할 수 있기 때문이다. 그리고 이 통제는 결실을 위한 통제다. 예컨대 어떤 일에서 제대로 결실을 이루기도 전에 미약한 저장의 힘으로 새로운 목표와 새 출발을 위해 힘을 쓴다면 전체 계획에 대한 일의 균형이 흔들려 현재 도모하는 일이 용두사미로 끝날 수 있으며 새로운 일도 흐지부지된다. 이처럼 통제는 저장의 기운도 살펴야 하고 나아가 새롭게 출발하려는 기운도 살펴야 한다.

현상의 예문

하늘을 뚫을 것처럼 치솟은 나무도 그 가지와 잎은 부드러워야 생명을 유지할 수가 있다. 가지와 잎이 세찬 비바람과 쌓이는 눈의 무게를 이기려면 구부러질 줄도 알고 뒤집을 줄도 알아야 한다.

융통성이 없는 사람은 마치 체면 차리는 양반이 주린 배 채우려고 물 마시고 고기 먹은 듯이 이빨 쑤시는 것처럼 행동한다. 그런 사람이 가장이라면 식구의 고생문은 훤하게 열린 것이다. 남한테 신세 지기가 싫다고 굶어 죽는 사람도 있다. 세상은 열린 눈으로 보면 모든 게 자신을 위해 열려 있는데 말이다.

옛이야기다. 한 거지가 사주팔자로 점을 치니 점괘가 왕이 될 운명으로 나왔다. 거지는 집에 돌아오자마자 동냥 바가지를 던져버리고 바닥에 벌렁 누워서 고함을 질렀다. "나는 왕이다." 거지는 동냥도 안 가고 자리에서 드러누워 있기만 했다.

그 바람에 자식들이 동냥해서 아비를 먹여 살렸다. 자칭 왕이란 거지는 천성이 거지다. 가진 거라곤 쥐뿔도 없으면서 소위 정해진 운명이란 것이 공짜로 사는 걸 업으로 삼는 거지 근성에 불을 지른 것이다. 정해진 운명이니 그냥 가만히 있어도 그 운명대로 될 테니 말이다. 아마 기지는 이 운명을 완전히 믿고 싶었을 것이다. 죽었다가 깨어나도 거지 신세를 벗어날 수 없는데 모처럼 왕이 된다는 전래에 대한 기대를 품게 됐으니 그 점괘를 철석같이 믿을 수밖에. 이런 거지는 통제 불능 상태다.

누군가 힘들게 생계를 유지하면서 물에 빠져 지푸라기라도 잡고 싶은 마음으로 점쟁이를 찾아가서 물어본다. 점쟁이가 당신은 곧 부자가 될 거라는 말을 한다면 그 말을 믿고 싶은 게 사람 마음이다. 그렇다고 그 말에 잔뜩 기대를 걸고 있으면서 현재 처한 운명을 변화시키려고 간절히 노력하지 않으면 아무런 소용이 없다.

빈털터리 처지에서 벗어날 궁리도 못 하면서 운에만 매달리는 사람, 또는 자기 생각만 고집하는 융통성이 없는 사람에게 악운은 배가 고파서 아우성치는 식구처럼 따라다닌다. 이런 상태에서 어떻게 새로운 출발을 하겠는가.

예방의 지략: 방심을 않으며 예의에 응한다

『한비자』에 나오는 이야기다. 옛날에 진(晉)이라는 대국이 괵(虢)이라는 작은 나라를 공격하려고 했을 때의 일이다. 괵을 공격하기 위해서는 그 옆에 있는 우나라를 통과하지 않으면 안 되었다. 그래서 진나라 왕은 우나라 왕에게 보석과 준마를 보내고 길을 빌려주도록 청했다.

우나라에서 중신 중에서 한 사람이 "우리나라와 괵나라는 이웃 친구로서 서로 도움을 줍니다. 만일 길을 빌려주면, 괵이 망하고 그날로 우리나라도 멸망하고 맙니다. 안 됩니다. 제발 그 청을 기각해 주십시오." 하고 반대했다.

그러나 보석과 준마에 눈이 어두워진 국왕은 반대를 무릅쓰고 길을 빌려주고 말았다. 결국, 중신이 우려한 대로 진나라 군사는 괵을 멸망시키고 돌아오는 길에 아예 우나라까지 점령하고 선물한 보석과 준마까지 되찾아 가 버렸다.

상대가 예의를 표할 때도 그 이면에 담긴 예의의 이유를 염두에 두고 예의에 응해야 한다. 세상에 공짜는 없다. 잘못된 판단으로 함부로 상대의 예의에 응했다가는 나중에 화를 당할 수도 있다.

일상생활에서도 타인이 자신에게 매우 호의적으로 다가오면 경계해야 한다. 이용가치가 있는 사람의 눈앞에서 알랑거리다가 단물만 빨아먹고 배신하거나 모르쇠로 변해 버리는 모리배와 사기꾼들이 하는 행위가 꼭 진나라가 우나라에 벌이는 유희와 같다.

응집의 기운

응집할 때는 출발을 생각해야 한다. 흩어진 기운을 모을 때는 새로운 출발을 위한 구상이 이루어져야 한다. 무턱대고 기운만 응집을 시키고 새로운 출발 준비가 되어 있지 않으면 발전이 없고 출발할 시기를 놓치는 경우가 발생한다. 특히 모여서 흐르지 않으면 썩게 됨을 주의해야 한다.

현상의 예문

부둣가에 횟집을 하는 젊은이가 있었다. 부모님이 일찍 돌아가서 어린 나이에 고아가 됐다. 신문 배달, 구두 닦기, 음식 배달 등으로 살아가다가 스무 살 무렵에 고깃배를 탔다. 돈을 좀 모아서 횟집을 했다.

돈을 벌어야 한다는 생각으로 열심히 일했다. 그런대로 가게 운영은 잘되었다. 손님과 술친구도 해 주면서 20년을 횟집을 꾸준히 운영해서 단골손님이 많았고 돈도 많이 모았다. 결혼도 하고 아들도 낳았다.

그리고 시내에다 3층 건물을 하나 지었다. 그 건물에 자기 횟집을 개업했는데 개업 축하를 위해서 단골손님이 많이 왔다. 오는 손님마다 가게 발전을 위해 주인에게 축하 건배 잔을 내밀었다. 거의 한 달가량 매일 축하 잔을 받아 마시며 일했다. 그런데 일을 하다가 갑자기 쓰러졌다. 병원으로 옮겼는데 간암 말기란 진단을 받았다. 그 진단을 받고 일주일 후 사망했다.

그동안 아픈 몸을 이끌고 어릴 때 가난이 사무쳐 돈을 모아야 한다는 생각으로 아픈 몸을 쉬지도 않고 일을 했다. 게다가 단골 손님들이 건네는 술잔을 거절 못 했다. 모르긴 해도 간암이란 말에 엄청난 충격을 받았을 것이다. 자기가 없으면 가게 운영은 못 한다. 모든 게 허무하게 끝나 버렸다. 돈에 한이 맺혀 돈만 모으려다 새 출발이 물거품 돼 버렸다. 돈을 모으더라도 항상 출발을 생각하고 몸을 다듬고 인연을 잘 관리했어야 했다.

이런 사고 외에도 요즘 돈 때문에 사지 멀쩡한 사람이 목숨을 버린다. 그것도 세상을 살아 보지도 못한 어린 자식들까지 동반하여 죽게 만드니 참으로 참담하다. 병원에 가면 환자들이 불편함을 견디며 살려고 애쓴다. 한쪽에시는 건강한 몸을 죽이러 하고 한쪽에서는 아픈 몸을 살리려 한다.

건강하면서 생활하자니 돈이 필요하고 병이 들어 몸이 아프고 그대로 두면 죽게 생겼으니 치료를 위해서 돈이 필요하다. 이렇게 돈이 없으면 사방천지에서 어디 제대로 발붙일 곳 없는 세상이 돼 버렸다.

예나 지금이나 돈에 한이 맺혀 죽기 살기로 노력을 해서 돈도 많이 벌고 사업기반도 다져 놓아서 이제 살만하다 싶으면, 몸에 몹쓸 병이 생기는 경우가 허다하다.

돈에 천추의 한이 맺혀 있더라도 자신의 몸부터 챙기는 게 제일이다. 건강은 건강할 때 지켜야 한다. 그래야 매일 힘찬 출발을 할 수 있다. "있을 때 잘해." 이 말은 삶에서 소중하다.

예방의 지략: 목표를 생각하고 실력을 행한다

중국 삼국시대의 예를 들면 서기 208년 가을에 위왕(魏王)인 조조는 20만의 대군을 이끌고 장강(長江)을 내려갔으며 오(吳)나라의 손권과 촉(蜀)나라의 유비의 연합군이 이것을 맞아 물리쳤다.

오나라의 장군 주유는 3만의 병력을 이끌고 적벽에서 장강을 사이에 두고 조조 군과 대치했다. 그때 주유의 부장 황개는 '조조의 군사는 많고 아군은 소수이기 때문에 오래 지탱을 할 수가 없다, 그러나 조조의 군선은 모두 쇠사슬로 연결되어 있으니 불을 질러서 태워 버리자.'라는 계략을 제시했다. 그래서 주유는 조조에게 거짓 투항을 자청하는 거짓 편지를 써 보냈다. 동시에 투항하는 일시를 약속했다. 때는 겨울이었다.

평소에는 서북풍이 불지만 약속한 날, 그 시간에는 제갈공명이 예상한 대로 동남풍이 불었다. 황개는 기름과 마른풀을 가득 실은 배에 돛을 올리고, 조조 진영으로 출발했다. 조조의 본진을 2리 앞에 두고 그 마른풀에 기름을 붓고 불을 질렀다.

배는 바람을 타고 돌진하여 조조의 군선에 부딪히면서 쇠사슬로 연결된 배는 꼼짝 못 하고 옮겨 붙은 불에 모두 타 버리고 말았다. 강가의 불은 조조의 군영에까지 번졌다. 그 기회를 놓치지 않고 주유는 정예부대를 이끌고 급습하여 조조의 군사를 격멸하였다.

이것이 역사상 유명한 적벽대전이다. 여기에서도 상호 간의 장소 신징의 정단점, 그리고 활동 공간을 잘 환용하여 소수의 병력으로 대군을 이긴 사례가 되었다.

목표를 달성하려면 실력의 집중력이 필요하다. 그러기 위해서는 목표에 대한 상황 파악이 중요하다. 그리고 실력을 발휘할 때는 목표달성에 필요한 효과적인 계획을 세우고 적절한 수단을 동원해야 한다. 모기 잡는다고 소 잡는 칼을 쓸 수는 없다.

공부도 마찬가지다. 목표 없는 공부는 의미가 없다. 더구나 전문성을 요구하는 공부는 자신의 능력과 처지에 맞추어서 확실한 목표를 설정하고 계획성 있게 공부와 수련을 해야 성과를 얻을 수 있다.

저장의 기운

저장할 때는 확장할 걸 생각해야 한다. 힘의 운용에서 중요한 것은 경제적 운용이다. 저장된 기운의 크기에 따라서 일의 확장 규모가 조절되어야 하기 때문이다. 가진 건 적은 데 가진 것보다 더 큰 확장을 실행하려면 힘에 부친다. 반면에 가진 것보다 너무 작은 확장을 실행한다면 일에 발전이 없다.

현상의 예문

책장에 박혀 있던 앨범을 오랜만에 꺼냈다. 그런데 어떤 사진은 분명 내 사진인데도 어디서 찍었는지 배경에 대한 기억이 전혀 없다. 만약 이 사진을 자식이 본다면 어떤 생각이 들까? 자식들이 이런 사진을 볼 것 같지도 않고 내가 죽은 후에 이 모든 앨범이 하나도 남아 있지 않을 것 같다. 호랑이는 죽어서 가죽을 남기고 사람은 죽어서 이름을 남긴다고 했는데 이름과 형상은 자식들에게 잠시 남겠지만 지나온 나의 인생사는 나의 죽음과 함께 사라질 게 분명하다.

한때 나는 골동품 경매장을 찾아다니길 좋아했다. 그곳에서 남의 앨범이나 기념패 등을 자주 본다. 고물상에 가면 유품 정리하는 업체가 내버려 놓은 물품들이 한곳에 모여 있는 것을 본다. 그곳에서 가족들에게 버림받은 사진첩이나 사진들이 흩어진 것을 보게 된다. 아무리 추억 어린 물건도 세월이 가면 쓰레기 취급만 받게 된다는 생각이 들어 씁쓸하다.

내 집 창고에도 버려진 채 놓여 있는 기록물이 제법 많다. 60년 진 동신표(성적표), 상장, 임명장, 기념패, 기념품, 필름, 유니폼, 노트 기타 등등 모두 추억이 어린 물건들이다. 언젠가는 모두 소 가장으로 가야 할 물건이라 생각이 들면서도 그냥 치워 버리기가 아쉽다.

내가 살아 있는 동안이라도 그냥 두고 싶다. 아니다, 내가 살아 있는 동안에 내 손으로 처리해야만 한다. 괜히 자식들에게 마음의 짐만 될 뿐이다.

옷장에 많은 옷이 걸려 있는데 평소 입는 옷은 몇 벌 없다. 살펴보면 몇십 년을 묵은 옷도 걸려 있다. 이런 옷들을 버리려니 아깝고 입자니 유행이 지났다. 세월이 가다 보니 점점 외출할 일이 줄어든다. 집에 있으면 아무거나 눈에 보이는 대로 주워 입고 산다.

홈쇼핑에서는 계절마다 아니 매일 새로운 옷이 상품으로 등장한다. 눈에 밟히는 상품이 있으면 그냥 지나치지 못해 구매한다. 옷뿐만이 아니다. 집에 물건이 사는지 사람이 사는지 모를 지경이다.

정신 차리고 보면 방마다 물건이 자리를 차지하고 있다. TV에서 어떤 장면을 보면 사람이 방 안에서 제대로 움직이지 못할 만큼 물건이 들어차 있다. 버릴 것은 미련 없이 과감하게 버려야 한다. 사람 사는 세상에는 사람이 살아야 한다. 새로운 출발을 바라면 비움을 잘해야 한다. 미련이 많으면 정신이 사납다. 낡은 영혼만 가득 찬 마음 때문에 육체가 제대로 움직이지도 못한다.

그런데 생각대로 버리지를 못한다. 서두르지 말자. 천천히 한 개씩 버리자. 그리고 나중에 버릴 만한 것들은 가지지 말자. 더는 충동구매를 하지 말자.

예방의 지략: 예의를 다하고 시비를 삼간다

이 이야기는 사기의 십팔사략(十八史略)에 수록된 이야기다. 한왕(漢王)인 유방의 위업을 도운 사람 가운데는 장량이라는 군사(軍師)가 있었다. 숙적 항우를 멸망시키고 전후 논공행상(論功行賞)이 행해졌다.

주된 공신 20명에 관해서는 결정을 보았다. 하지만 그 밖의 사람들에 대해서는 평정이 엇갈려 좀처럼 결정이 나지를 않았다. 어느 날 유방은 장군들이 여기저기서 수군대는 것을 발견했다.

유방은 곁에 따라다니던 장량에게 장군들에게 무슨 일이 있는지 물었다. 장량은 그 사람들이 반란을 도모하고 있다고 했다. 그 이유는 상으로 봉지(封地)를 받은 사람은 옛날부터의 총신들뿐이고 처벌을 받은 사람은 모두 평소에 미움을 산 자들이었기에 그들은 봉지를 얻지 못하고 도리어 과거의 실패를 핑계로 처벌을 받게 되는 것이 아닌가 하는 걱정이 되었기 때문이라고 말했다.

그러면서 장량은 한 가지 방책을 왕에게 일러 주었다. 왕께서는 평소에 가장 미워하고 또 그 사실을 모두가 알고 있는 그런 인물에게 봉지를 주면 된다고 말했다. 왕은 그대로 실행을 했다. 나중에 나머지 장군들은 "우리도 한 번 기대할 수 있다."라고 수군대었다고 했다. 장량의 상황통제능력으로 반란 일보 직전의 위기에서 왕을 구한 것이다.

모든 시비의 원인은 예의에서 비롯된다. 인간관계, 학교생활, 직장 생활, 사회생활에서 행동의 기본이 예의이다. 다시 말하지만, 상대를 기분 나쁘게 하는 언행으로 예의에 발목이 잡혀 목적 달성에 차질을 빚는 일이 없어야 한다. 인간은 감정의 동물이다. 상대하는 사람들은 예의에 대해서 말은 안 하지만 항상 지켜보고 있다.

전략 3.

행동

오늘이 기대하는 내일인 듯 행동한다

- 기대한 선택이 실현되도록 오늘을 보람되게 -

"늘 같은 일만 반복하면서 다른 결과를 기대하는 것은 미친 짓이다 (Expecting different results while doing the same action is insanity)." - 아인슈타인 -

관심이 바뀌면 행동도 변한다

"어제는 지나가 버린 과거요, 내일은 다가올 미래지만, 오늘은 선물이다. 우리가 현재(Present)를 선물(Present)이라 부른 이유도 여기에 있다." - 빌 킨 -

현재의 행동이 운명의 씨앗이다

'선택'은 '콩 심은 데 콩 나고 팥 심은 데 팥 난다'와 '뿌린 대로 거둔다'라는 현실적 믿음을 바탕으로 한다. 현재의 악운을 피하려고 악의 수단으로 행동하면 앞으로 닥칠 인생은 자유를 잃게 되고 자신의 삶에 대한 밝은 믿음이 없다면 더 큰 악운 속에서 살게 된다.

오늘도 비가 추적추적 내린다. 조용한 시골 마을에 옹기종기 모인 집들이 평화롭고 정답게 보인다. 장마가 시작된 지 벌써 한 달이나 지났다. 예년 같으면 한 보름 정도 우기가 진행되다가 그치는데 하늘에 먹구름은 여전히 잔뜩 끼어 있다. 근처 공사장에서 일용직으로 일하는 철수 아버지는 하루하루 벌어서 먹고사는데 어제부터 밥을 굶고 있는 아내와 아이들을 보니 마음은 회색빛 하늘처럼 칙칙하고 무겁다.

이제나저제나 언제 비가 그칠까를 학수고대하며 하늘만 바라보고 방문 옆에 쪼그리고 앉았는데 바로 이웃집에서는 식구들 웃음소리가 들리고 아침부터 고기 굽는 냄새가 난다. 이 냄새가 남의 속도 모르고 비에 젖은 축축한 공기를 타고 방안으로 스며들어 염치없는 식욕을 자극하여 가난한 마음을 더 처량하게 만든다.

자식들은 주린 배를 끌어안고 아버지 얼굴만 물끄러미 쳐다보면서 군침을 삼키고 있다. 가엽다. 토끼 같은 새끼들이 너무 가엽다. 못난 지아비를 쳐다보는 마누라에게 그저 미안하다는 생각만 든다. 슬그머니 눈길을 돌려 찬기가 서린 부엌을 바라보니 이대로 장마가 끝나기를 기다리다가는 가족이 전부 굶어 죽겠다는 생각에 소름이 돋는다.

갑자기 한기가 등줄기를 타고 내려 다리 힘을 풀어버린다. 검은 하늘이 낮게 내려와 온몸을 누른다. 그냥 그대로 땅속으로 묻혀 버릴 것 같은 느낌에 철수 아버지는 앞뒤 가릴 정신도 없이 오로지 살아야 한다는 생각만 붙잡고 옆집 담을 넘는 궁리에 빠진다. 가만히 앉아서 굶어 죽지 않으려면 무어라도 해야 했다. 그칠 기미를 보이지 않는 장마 속에서 아무리 궁리해도 지금으로서는 도둑질밖에 생각나는 게 없다. 철수 아버지는 '이것이 운명이다.'라는 생각이 들었다.

밤이 이슥해지고 모두 잠든 시간이다. 철수 아버지는 가방을 어깨에 둘러메고 신발 끈을 조이고 옆집 담벼락에 사다리 삼아서 지게를 걸친다. 지게에 발을 딛고 담을 넘어서 여차하면 도망가기 위해서 먼저 이웃집 대문을 살짝 열어 놓았다. 살금살금 걷는 발소리는 빗소리에 묻힌다. 발길은 저절로 부엌으로 향한다. 돈이 어디 있는지는 모르겠고 쌀이나 좀 훔칠 작정이다.

깜깜한 부엌에서 조심스럽게 손전등을 비추며 쌀 뒤주를 찾는다. 운 좋게 쌀 뒤주 자물쇠는 열려 있다. 쌀도 뒤주 속에 거의 가득 차 있다. 몇 됫박 가져가도 표시도 나지 않을 것 같다. 물바가지로 가방에 쌀을 가득 퍼 담고 부엌을 살그머니 빠져나와서 대문을 열고 집으로 돌아온다. 아이들은 아직 잠자고 있다. 이 쌀이면 일주일은 먹을 수 있다. 아침에 아이들과 마누라한테 공사장 밥집에서 쌀을 좀 꾸어 왔다고 둘러대면 된다. 운 좋게 도둑질이 들키지 않았다. 하지만 불안해진 양심은 자신을 고통스럽게 짓누르고 있다.

일제 강점기 시대에 만주에서 태어난 철수 아버지는 해방이 되자 귀국하여 어느 회사에서 잡역부로 일했는데 회사가 망하는 바람에 일자리를 잃었다. 그리고 지게를 지고 시장에서 짐을 나르고 때로는 공사장에서 일용직으로 살고 있다. 비록 가난한 운명으로 살아도 가족은 웃음을 잃지 않고 화목하게 지낸다. 긴 장마로 느끼는 근심을 철수 아버지 혼자만 하는 것도 아니다. 온 동네 사람이 장마 속에서 바깥일을 못 하고 있다.

그런데 철수 아버지는 그동안 발길이 닿는 시간과 장소마다 운이 나빠서 일거리가 많지 않았다. 몇 푼 모아 놓은 돈은 이미 바닥이 났고 장마가 그치지 않으면 빈손으로 굶어 죽을 운명이 짐작된다.

과연 철수 아버지는 현재의 악운을 극복하려는 방법으로 도둑질밖에 없었을까? 운명적 관계는 악의 행동을 용납하지 않는다. 언젠가 물질적 또는 정신적 고통으로 그에 상응한 대가를 치를 것이다. 잘못하면 더 큰 악운을 맞게 될 것이다. 이런 경우를 양심의 고통으로 밤마다 잠 못 이루는 철수 아버지는 알고 있다. 그럴 바엔 체면을 무릅쓰고 간절한 마음으로 이웃집을 찾아가 사정을 얘기하고 쌀을 꾸어 볼 방법은 왜 생각 못 했을까?

철수 아버지는 남에게 아쉬운 부탁을 못 하는 성격이다. 게다가 만주에서 귀국하며 가지고 있던 돈을 처음 만난 사람의 꼬임에 빠져 빈털터리가 됐다. 그래서 그런지 몰라도 타인과 어울리기 싫어하여 친구도 없고 도움을 받을 일가친척이나 이웃도 없다. 철수 아버지에게는 오직 가족밖에 없다. 그런 까닭에 철수 아버지는 현재 날씨 때문에 일을 못 해서 갑자기 나빠진 상태를 해소하려고 '피치 못할 운명이다.'라는 생각에 의지하여 도둑질에 손을 내밀었다.

이런 생각은 현재의 악운 때문에 나쁜 운명의 삶으로 오래도록 머물게 만든다. 알고 보면 인간의 삶에서 하늘이 정해 준 운명은 죽음밖에 없다. 그런데 철수 아버지는 마치 하늘에서 자신에게 정해 준 피치 못할 운명이 있다는 듯이 자승자박했다. 심리학적

으로 수치심이 정체성이 되어서 인간으로서 가장 기본적인 욕구
인 이해하고 이해받는 걸 포기하고 고립을 택한다면 인간이 불행
해진다고 한다. 이 말은 행복한 사람과 행복하지 않은 사람의 차
이는 대화를 주고받으며 필요할 때 주변 도움을 구하는가, 아닌
가에서 나타난다는 것이다.

우리는 가끔 "아이고, 내 팔자야!"라는 말을 듣곤 한다. 이 말은
자신에게 일어난 악운의 원인이 자신이 저지른 과거의 잘못이 아
니라 자신의 사주팔자에 따라서 정해진 운명 때문이라는 푸념이
다. 이 말은 현재 답답한 심정을 어디다 해소할 곳이 없어서 그냥
사주팔자에다가 원망을 토로한 것일 수도 있다. 한편 잘못한 것
도 없으면서 "이 무슨 운명의 장난이냐."라며 무언가에 원한에 맺
힌 사람은 복수로서 한이 풀릴 때까지 그 한을 운명처럼 안고 산
다. 이런 사람들은 모두 스스로 만든 운명의 감옥에 갇혀서 살고
있다.

비록 저마다 안타까운 사연을 담고 있지만 따져 보면 하늘이
정한 피치 못할 운명이 자신에게 있고, 그 운명이 원인이 되어 현
재의 악운이 일어났다는 생각은 말도 안 되는 어리석은 넋두리
다. 굶주려 죽을 운명이 정해져 있어서 긴 장마란 악운이 일어난

것은 아니지 않은가. 더 어리석은 짓은 운명을 핑계로 진지한 생각도 없이 현재의 악운을 피하려고 악의 수단을 가지고 행동하는 것이다.

사람이 운명을 점치는 건 목표와 계획도 없이 미래를 기대하는 것이며, 그렇게 점쳐진 운명은 나중에 일이 잘못되었을 때, 과거의 행위로 일어난 결과에 대해서 그 원인을 미래의 운명에서 찾아내어 허무맹랑한 핑계거리로 만드는 범주를 벗어나지 못한다. 예컨대 자신이 저지른 과실을 망각한 체 "이달에 손재수가 있다더니 이렇게 오늘 교통사고가 나 버렸네."라고 생각하는 것처럼.

사실 이런 운명 타령은 나타나지도 않은 미래에 얽매여 눈앞에 나타난 현 상태를 풀지 못하는 형국을 맴돈다. "모든 게 운명 소관이다." 이런 말로 미래의 운명에 매달리는 사람은 정해진 미래를 탓하며 꾸며낸 핑계만 반복하면서 현재를 잃어버리게 된다. 저런 사고방식은 허황한 꿈만 꾸기 때문에, 현재의 삶을 걱정만 하고 자신의 현상을 바꿀 수 있는 적절한 기대를 정리하지 못해서 실제로 미래의 운명에 대한 변화를 기대할 수 없다. 현재의 악운을 피하려고 터무니없이 정해진 운명을 핑계로 악의 수단으로 행동하면 반드시 인생은 더 큰 악운 속에서 뒹굴게 된다.

현재 현상에 긍정적 관심이 필요하다

고전 『레미제라블(les Miserables)』[10]의 주인공 장발장(Jean Valjean)은 정원사였다. 어느 해 겨울에 그는 일자리를 잃었다. 배고픔에 시달리는 조카들을 외면할 수 없었던 그는 가게에서 빵 하나를 훔치다가 경찰에 잡혀서 5년 형을 받았다.

장발장에게 감옥 갈 운명이 이미 정해졌기 때문에 장발장이 빵을 훔친 게 아니라, 빵을 훔쳐서 감옥 갈 운명이 된 것이다. 여기서 우리는 인간에게 정해진 운명이 있어서 그 운명 때문에 현재 어떤 일에 관심이 생기고 행동을 하지 않는다는 걸 알 수 있다. 결국은 하늘의 뜻이라며 어떤 운명에 의지한다면 자존감을 잃어버린 자신이 스스로 만든 감옥에 갇히는 꼴이다.

그 후 장발장은 죄수의 운명으로 네 번이나 탈옥을 시도하다

---

10) 프랑스의 소설가 빅토르 위고가 19세기의 프랑스 왕국~7월 왕정 기간을 시대적 배경으로 쓴 대하소설. 그의 대표작이자 프랑스를 대표하는 최고의 소설 중 하나이며 서양 문학사의 가장 위대한 소설 중 하나로 평가받는다.

운이 나빠서 다시 잡힌다. 결국은 19년 동안 감옥살이를 했다. 이렇게 악운을 악의 수단으로 해소하려면 더 큰 악운에 빠지게 된다. 운명적 관계는 관심의 방향에 따라서 좋게 또는 나쁘게 나타난다.

그토록 자유를 기다리던 장발장은 마침내 감옥에서 출소하여 죄수의 운명에서 자유인의 운명으로 바뀌었으나 도와줄 사람은 아무도 없고 갈 곳도 없어서 거리를 헤매다 배가 고파서 길에 쓰러졌다. 그런데 시간이 흘러 운 좋게 미라엘 주교에게 발견되어 음식을 대접받았다. 그리고 장발장은 주교 방에 있던 은쟁반을 훔쳐서 달아났다가 경찰에게 붙잡혔다.

그리고 경찰의 연락을 받고 온 주교는 이렇게 말했다. "이것은 모두 제가 그에게 준 것입니다." 그러면서 은촛대까지 주면서 "영혼의 굴레를 벗고 성실한 사람이 되게나."라고 말했다. 그래도 장발장은 길바닥에서 굶어 죽을 운명에 처했으나 운이 좋게 주교 같은 은혜를 베푸는 사람을 만난 것이다.

이것은 어디까지나 소설이다. 현실에서 과연 쉽게 일어날 수 있는 일인가? 아마 이런 주교를 만날 것 같은 행운을 믿고 악운을 극복하려는 '운에 미친 사람'은 없을 것이다. 현재 처한 악운을 극복하려면 "나는 앞으로 또 어떤 운명을 만날 것인가?"라는 물음 말고, '정해진 운명은 없다.'라는 생각으로 "지금 나는 무엇에 관심이 있는가?"란 물음이 필요하다. 대부분 운명은 현재의 관심에 따라서 다르게 나타나기 때문이다.

현재 자신이 하는 일을 어릴 때 짐작이나 했는가? 현재 자신이 사는 모습을 10년 전에 상상이나 했는가? 거울을 보면 자기도 모르게 어릴 때 모습은 온데간데없다. 지금 만나고 있는 사람들은 또 어떤가. 예기치 못한 불을 끄듯이 당시에 나타난 그때그때 상태에 따라 나름대로 대처방안을 선택했다. 그때그때 나타난 운명에 맞추고 부딪치고 때로는 운명을 바꾸려고 하다 보니 지금 같은 삶의 모습이 되었다. 그러니 지금부터 10년 후 자신의 모습이 어떻게 변할지 짐작이나 했겠는가. 지나온 삶을 돌이켜보면 인간이 잘 산다는 건 바로 평범한 가운데 현재를 즐겁게 그리고 보람 있게 사는 것이다.

어떻게 현재를 즐거우면서 보람 있게 살 수 있을까? 날은 날마다 새롭다. 인생도 매일 새롭게 시작한다. 그래도 지나온 삶에서 펼쳐 놓은 운명이란 그림자가 있다. 떼어 내려야 뗄 수 없는 그림자는 어딜 가나 따라다닌다. 그림자가 내 발길보다 앞서면 가는 길이 어둡다. 즉 인생에서 장차 만날 운명을 미리 정해 놓으면 변화무상한 삶의 환경을 오판하기 쉬워서 삶이 어둡다는 말이다. 하늘만 쳐다보고 길을 가다가 한 발 앞에 기다리고 있는 진흙 구덩이에 빠지지 않으려면 운명이란 그림자가 내 발길 뒤에서 자신을 감시하며 따라오도록 자기 신뢰를 다져야 한다.

현재를 보람 있게 살려면 내 발길 앞에다 자기 신뢰로 밝은 빛을 비추어야 한다. 내 앞에 자기 신뢰라는 빛이 없으면 누가 뒤에서 힘차게 밀어도 소용없다. 누가 나를 앞에서 힘차게 끌어당겨도 소용없다. 어둠 속에서 질질 끌리고 엎어지고 자빠지며 밀려갈 뿐이다.

인생의 앞길에 빛을 비추는 자기 신뢰의 의미는 꿈과 희망을 담은 눈을 크게 뜨고 쓸데없는 것과 엉터리 말에 흔들리지 말고 자기 앞에서 벌어지고 있는 현실을 똑바로 보는 것이다. 자기 신뢰로 그림자보다 한발 앞서라는 의미는 현재 나타난 운명의 틀 속에서 징징대거나 움츠리지 말고 개성과 주체성이 살아 있는 자기 세상을 향해서 움직이라는 것이다.

아인슈타인은 "증기, 전기 및 원자력보다 강력한 원동력이 있다. 바로 인간의 의지이다."라는 말을 남겼다. 인간에게 이성과 의지가 있다. 현재의 운명을 극복하기 위해서 '누군가의 도움이 절실히 필요하다.'라는 데 관심이 있다면 누구에게 반드시 도움을 받겠다는 간절한 의지와 행동으로 실천해야 한다. 이것이 자기 신뢰에서 발현된 용기다. 스스로 자신을 믿게 만드는 행위는 삶에서 불안한 현재를 살아 내기 위한 기본태도이다.

예컨대 스스로 영웅이라 자처하던 조조가 적벽대전[11]에서 패하고 도망하다가 드디어 화용도(華容道)까지 도망쳤다. 조조는 제갈량을 비웃었다. "이렇게 매복하기 아주 좋은 장소인데도 매복을 세우지 않았다니 제갈량도 별수 없구나." 이 말이 끝나자마자, 관우가 갑자기 나타났다. 관우의 모습을 본 조조의 군사들은 싸울 기력을 잃었다. 모사꾼 책사 정욱이 말했다. "주공, 관우에게 지닌날 은혜를 베푼 걸 말하고 살려 달라고 빌어 목숨을 구걸하시지요." 조조는 즉시 머리를 풀어헤치고 말을 몰고 앞으로 나아가 관우 앞에서 무릎을 꿇고 빌기 시작했다. "장군, 이 조조가 싸움에서 패하고 이곳까지 왔지만 이제 갈 길이 없구려. 장군께서

---

11) 중국 삼국시대인 208년에 후베이성[湖北省] 자위현[嘉魚縣]의 북동, 양쯔강[揚子江] 남안에 있는 적벽에서 한 전투.

파릉교(灞陵橋)에서 내가 베풀었던 은혜를 돌이켜 생각해 주기 바라오. 제발 내 목숨만은 살려 주시오.”

이렇게 관우에게 조조가 죽음 앞에서 자기 신뢰를 바탕으로 용기를 내어 목숨을 구걸하듯이 임기응변의 처세술을 발휘하든가, 아니면 그동안 베푼 은혜도 없어 도움을 받을 사람이 없거나 돈이 없고 능력도 없어서 일을 못 구해서 굶어 죽게 생겼으면 물에 빠져 지푸라기라도 잡는 심정으로 구걸이라도 해야 한다.

과거의 운명에 매달리면 현재의 자유를 잃는다

인간의 자유를 깨닫고 현재 처한 운명에 얽매이지 않고 새로운 인생을 꿈꾸며 행동하는 인간은 운명의 고삐를 끌고 다니면서 현재의 자유를 누리게 된다.

6.25 전쟁으로 아버지가 군에 징집되자 어머니는 1953년 나를 임신한 채 외할머니와 부산 영도에 주거지를 정했는데 근처에 군부대가 있었다. 어느 날 밤에 부엌에서 말소리가 들렸다. 군인 몇 명이 반찬을 훔치러 온 모양이었다. 어머니는 겁도 나고 부엌에서 도둑맞을 게 아무것도 없다는 생각으로 인기척을 내지도 않고 그냥 내버려 두었다. 군인 한 명이 안타까운 듯이 말했다. “야! 이

집에 반찬도 없고 쌀도 한 톨 없네. 도대체 이 집에는 무얼 먹고 사는 거야." 그렇게 툴툴거리며 그냥 돌아갔다.

조금 있으니 방문 앞 쪽마루에서 쿵 하는 소리가 났다. "쌀 좀 가져다 놓았소. 밥이나 좀 해 먹고 사시요." 군인이 떠나고 방문을 열어보니 탄약상자에 쌀이 가득 들어 있었다. 반찬 훔치러 온 군인이 군부대에서 쌀을 훔쳐다가 어머니에게 준 것이다.

이런 경우는 운이 나빠서 집에 도둑이 들었고 운이 좋아서 좋은 밤손님이 다녀갔다. 운이 나빠서 쌀이 없었기 때문에, 운이 좋게 쌀이 생겼다. 인간만사 새옹지마(塞翁之馬)[12]라 했다시피 운은 언제 어디서 어떻게 나타날지 모른다.

어머니는 그때부터 그 탄약상자를 버리지 않고 보물상자처럼 쳐다보고 살았다. 탄약상자는 어머니에게 '세상에 운은 있다.'라는 생각을 들게 했고 이 생각으로 어머니는 좋은 운을 기대하며 그 기대를 안고 살았다. 인간은 미래 운명을 상상하고 그 상상을 꿈과 희망으로 삼고 살 수는 있다. 그래도 미래의 희망은 먼저 현

---

12) 모든 것은 변화가 많아서 인생의 길흉화복을 예측할 수 없다는 뜻.

재를 살아 내야 이뤄질 수 있다. 만약 미래 운명을 기대하면서 현재 아무런 행동도 없이 지금 눈앞에 벌어지는 현실을 살아 내지 못하면 꿈은 꿈일 뿐이고 희망은 바닷가 모래 위에 세워진 모래성이다.

인간은 미래의 운명을 상상하거나 걸어온 삶의 발자국을 스스로 되돌아보며 장차 맞이할 운명을 예견하는 것은 가능하나 분명하게 알지는 못한다. 지금은 잘 볼 수 없지만, 예전엔 새점이란 게 있었다. 새점 주인이 새 둥지 문을 열면 새가 나와서 앞에 놓인 여러 가지 점괘 중에서 하나를 입에 물어 쏙 뽑아 놓고 도로 새장으로 들어간다. 그 점괘를 펼쳐보면 자신의 운세가 적혀 있다. 이를 얼마나 믿겠는가? 자신이 알 수 없는 자기 운명을 타인이 예언한다는 것은 새점이나 다를 바가 없다.

인간의 운명에 대한 예언은 어디까지나 과거 기억의 산물이다. 인간에게 미래의 기억은 없다. 1999년 7월에 공포의 대마왕이 내려와 지구가 멸망한다고 1555년에 말한 노스트라다무스[13]의 예언이 허언이었던 것처럼, 미래의 예언이라는 건 그 당시 그 장소

---

13) 본명은 미셸 드 노트르담(Michel de Nostredame). 노스트라다무스(Nostradamus)는 라틴어식 이름이다. 프랑스 국왕 앙리 2세의 정책 자문이며 점성술사이다.

에서 살았던 인간의 과거에서 끌어낸 상상이었을 뿐이다.

인간에게 그야말로 인간을 지배하는 초인간적 힘이 존재한다고 하더라도 그 힘으로도 미래의 운명을 인간이 모른다는 건 정말 천만다행이다. 만약 인간이 이미 초인간적으로 정해진 운명을 알고 있다면 인간에게 자유는 없다. 인간이 미래의 운명을 모르고 인간의 미래가 불확실하다는 건 어찌 보면 인간에게 다행이다. 모르고 태어났어도 장차 자기 뜻대로 살 수 있는 길이 열리기 때문이다. 이로써 인간이 자신의 의지로 현재의 선택지를 찾으면서 정해진 운명에 미혹되지 않고 살아갈 자유가 생겼다.

지금 같은 자유 개성시대에 인간이 자기 삶의 방향을 스스로 선택할 수 있는 자유를 손에 쥐고 있다는 건 그야말로 행운이다. 이런 마당에 누가 자신의 운명이 이렇게 저렇게 정해졌다며 소중한 사신의 '자유'를 방해하는가? 비로 자유로운 세상에서 자신에게 주어진 자유의 행운을 망각한 자신이다. 다시 말하지만, 미래의 기억은 없다. 과거의 기억에서 비롯된 현재의 운명을 반성하지 않고 미래의 기억이 전혀 없는 인간이 말하는 예언에 매달리면 현재의 자유를 잃게 된다.

과거의 기억을 긍정적 현재의 생각으로 바꾼다

과거를 긍정적으로 수용하면 불행했던 기억이 행복했던 기억으로 바뀌게 된다. 이 때문에 현재 삶이 불편한 사람들은 "옛날이 좋았다."라는 말을 하게 된다. 과거에 걸었던 고난의 길이 현재 삶에서 행복한 추억으로 변하는 것도 이 때문이다.

어머니는 본의 아니게 나에게 어려서부터 인간의 운명에 관심을 가지도록 만들었다. 어머니는 나에게 이런 이야기를 했다. 내가 갓난아기일 때 어머니가 나를 안고 김해 친정집에 가던 길이었다. 부산에서 김해로 가는 길에 낙동강을 건너는 구포다리가 있다. 어머니가 탄 버스가 구포다리를 건너자마자 갑자기 강둑에서 떨어져 강바닥으로 굴렀다. 많은 사람이 죽거나 다쳤는데 오직 강보에 싸인 나를 안은 어머니만 멀쩡하게 강둑에 주저앉아 있었다.

어머니도 어찌 된 상황인 줄 몰랐다. 눈앞에서는 무슨 일이 벌어졌는지 모르지만 사고 현장은 아비규환이다. 혼쭐이 달아나고 정신없이 강둑에 멍하니 앉아 있는데 어느 할머니가 오더니 "여기 왜 앉아 있어요?"라고 물었다. 그때야 어머니는 정신이 들었다. "아기와 함께 차에서 떨어졌어요. 그런데 다친 데가 없어요."

이 말을 듣고 할머니는 이렇게 말했다.

"오늘 당신 아들이 죽을 운명인데 다른 사람이 대신 액땜을 했구나. 다친 사람들 원망을 듣기 전에 빨리 자리를 피하시오." 갓 스무 살을 넘긴 순진한 어머니는 이 소리를 믿고 그 자리에서 도망치다시피 했다. 어머니와 나는 버스가 구르자마자 밖으로 튕겨나온 것인지 어떻게 된 것인지 모르지만 하여튼 털끝 하나 다친데 없이 무사했다. 그 이상한 할머니 말대로라면 나는 그날 하늘이 실수해서 운 좋게 살았다.

그 사건 후 어머니는 어린 나를 데리고 용하다는 점쟁이를 사방팔방으로 찾아다녔다. 어머니는 하늘도 실수할 만큼 내가 운이 매우 좋은 아이로 알았다. 하지만 불안했다. 하늘이 언제 자식을 실수 없이 죽여 버릴지 모르기 때문이다. 하여튼 내가 운이 좋은 건지 아니면 하늘이 실수한 건지 몰라도 죽음에서 살아서 온 아들을 어머니는 내가 운 좋게 오래 살기를 소원했다. 어머니는 사람이 운이 좋으면 하늘이 실수하여 죽을 위기에서도 살아남고 돈도 많이 벌 수 있다고 믿었다.

어머니와 나는 부산 영도다리 밑에 사는 점쟁이, 시장통 뒷골

목에 사는 점쟁이, 농부 점쟁이, 도사와 무당 등 소문난 점쟁이를 찾아서 여러 곳을 돌아다녔다. 한결같이 어머니가 이 사람들에게 묻는 게 있다. "언제쯤 형편이 풀리겠어요?" 나는 점쟁이 말에 별로 관심이 없었다. 언제쯤 형편이 풀리겠느냐에 대한 답은 집안 사정을 어렴풋이라도 알고 있는 어린 나도 이미 짐작할 수 있기 때문이다.

아버지는 월급쟁이인데 어머니는 몸이 약해서 다른 일을 못 하고 거의 보약을 입에 달고 살았다. — 그 덕분에 나는 어릴 때 보약을 많이 먹었다. — 아버지 혼자 벌어서 먹고살고 어머니 약값과 아이 학비를 대는데, 손가락으로 꼽아 봐도 알 수 있는 수입과 생활비 계산이 나온다. 당시 아버지는 비록 봉급쟁이지만 한 공장의 공장장으로 적지 않은 수입이 있었다. 어머니가 아버지 수입을 조금이라도 아낀다면 보다 나은 생활을 할 수 있었다.

그다음에 물어보는 게 있다. "얘가 크면 어떻게 되겠어요?" 이 미래의 운명에 관한 물음에 대한 점쟁이 말에도 별로 관심이 없었다. 나는 오직 부모 간섭 없이 내 마음대로 돈을 쓰고 세상을 돌아다닐 수 있는 어른이 되는 게 꿈이었기 때문이다. 그 외에는 무엇이 되든지 별로 개의치 않았다. 어머니는 내가 어릴 때 하늘도 실수하여 내가 죽을 곳에서 살아났을 만큼 운이 좋다는 생각을 품고, 점쟁이를 통해서 내가 좋은 운명을 갖고 태어난 것을 인정받고 싶었고, 이 때문에 내가 나중에 돈을 많이 벌고 권세가 있는 직업에서 성공할 수 있다는 기대와 죽을 운명에서 계속해서 운 좋게 하늘이 실수하기를 기대했을 것이다.

어머니는 집안에 행운이 닥치길 바랐지만, 실제로 한 일이라고는 오로지 점치는 것밖에 없었다. 어머니는 누가 돈을 많이 벌면 그것은 그냥 운이 좋아서 그런 것이고, 누가 좋은 자리에 앉으면 운이 좋아서 그런 줄 안다. 다시 말해서 점쟁이가 재수가 좋고 운이 좋다고 말하면 가만히 있어도 또는 봉급쟁이가 열심히 일만 해도 일확천금이 생기는 줄 안다. 그래서 어머니는 점쟁이 앞에서 '언제쯤이면 형편이?'이란 말만 되풀이한다.

어머니는 "누가 참 용하다더리."리는 말을 들으면 호기심과 기대를 품고 나와 함께 그 점집을 찾아갔다. 마치 점 보는 데 중독된 것 같았다. 그렇게 점 보는 데 극성이던 어머니는 점쟁이로부터 운이 트이는 비결을 얻으러 다니다가 지쳤는지 어느 날 주변 사람들의 돈을 모아서 번호순으로 곗돈을 타는 계를 했다. 소위 어머니 나름대로 새로운 운명을 창조하려는 것이었다. 당시 어머니는 내가 다니는 국민학교(현 초등학교) 육성회 부회장을 했으니 그런대로 신용이 있었다. 그런데 어머니 신용을 담보로 계에 가입한 아줌마가 빠른 번호로 두 번 곗돈을 타고서 잠적을 해 버렸다.

어머니의 운명 창조는 물거품이 되었다. 적은 돈도 아니다. 엄청 액수가 큰 곗돈을 어머니가 다 물어내야 했다. 세간에는 빨간 압류딱지가 붙고 집을 팔아도 빚을 다 못 갚았다. 결국은 아버지가 퇴직하고 그 퇴직금으로 채무변제를 다 했다. 지금 생각해도 그런 와중에 싫은 말 한마디 없었던 아버지는 인자한 성인에 가깝다. 어머니는 욕심에 찬 행운을 기다리다가 도리어 크게 악운을 만나 가진 것마저 다 잃게 된 것이다.

사람 운명이라는 게 알다가도 모르겠다는 사람도 있지만, 일을 도모하다가 일어난 악운은 대부분 실수나 방심 또는 자기 한계를 모르고 설치다 일어난 게다. 어머니는 허황한 운을 기대하며 쓸데없는 허세를 부리다가 그야말로 쫄딱 망한 것이다.

남 좋은 일 시키려고 호기롭게 보증을 서는 바람에 어머니만 망한 게 아니라 가족 전체가 망했다. 망하면 살기가 힘들어진다.

먹고, 자고, 입고, 공부하고, 사람을 만나는 등 모든 일상생활이 불편하다. 이런 악운 때문에, 나에게 이런 마음이 생겼다. '사람을 믿지 않는다.' 하루아침에 부산 고관 입구 큰 기와집에서 여섯 식구가 좌천동 산 중턱에 있는 어느 절에 비어 있던 세 평짜리 단칸방으로 이사 와서 풀죽으로 끼니를 때우며 천당에서 지옥으로 떨어진 것 같은 혹독한 가난에 시달리다 보니 이런 마음이 생겨 버렸다. 하늘같이 믿는 사람에게 배신의 악운을 당해 본 사람이면 이런 각박한 마음을 충분히 이해할 것이다.

"세상을 지배하는 세 가지 힘이 있다."라고 한다. 그것은 현명함과 강함 그리고 운이라 했다. 현명한 사람은 실패와 시행착오를 즐거움으로 안다. 다음 기회를 위한 배움이 있기 때문이다. 그리고 강한 자는 실패와 시행착오로 나타나는 위기를 기회로 여긴다. 승리로 향한 새로운 만남이 있기 때문이다. 더욱이 삶의 운을 깨달은 자는 '뿌린 대로 거둔다.'라는 신념으로 목표와 계획을 세워서 스스로 삶을 영위한다. 이렇게 세 가지 힘을 갖춘 사람은 삶의 과정에서 만나는 운명과 때때로 운이 좋든 나쁘든 그 속에서 다음 삶의 발전과 개선에 도움이 되는 관심거리를 찾으며 재미를 느낀다. 이런 사람이야말로 야망을 품은 도전의 정신으로 "운명아! 기다려라, 내가 간다."라며 운명을 사랑하는 것이다. 이렇게 적극적 인생은 도전할 운명이 있어서 삶이 즐거운 것이다.

　가장 어리석은 인생이 자신에 대한 어떤 믿음도 미래를 위한 아무런 준비도 없이 오로지 그림의 떡 같은 운명만 기대하고 "살다 보면 어떻게 되겠지. 잘 될 거야."라는 말만 하며 현재의 삶을 잃고 사는 것이다. 이를 소위 수주대토(守株待兎)[14]라 한다. 더 어리석은 행위는 우연한 악운이 두려워 꼼짝도 못 하는 것이다. 이를 소위 기우(杞憂)[15]라 한다.

　군사적 전쟁에서는 '살고자 하면 죽고, 죽고자 하면 산다.'라는 배수진이 통할지 모르나, 운명 전쟁에서 나는 '살고자 하면 살고, 죽고자 하면 죽는다.'라는 말을 하고 싶다. 군사적 전쟁에서는 서로 먼저 죽이려고 한다. 이미 죽었다고 결심하면 더 이상으로 두려울 게 없어 상대와 싸울 용기가 살아난다. 운명 전쟁에서는 서로 먼저 살려고 한다. 자신이 스스로 살아 내야겠다는 신념과 용

---

14) 중국 송(宋)나라의 한 농부가 토끼가 나무그루에 부딪쳐 죽은 것을 잡은 후, 농사는 팽개치고 나무그루만 지키고 토끼가 나타나기를 기다렸다는 고사에서 한 가지 일에만 얽매여 발전을 모르는 어리석은 사람을 비유한 말.
15) 옛날 기(杞)나라 사람이 하늘이 무너질까 걱정했다는 고사에서 나온 말: 쓸데없는 걱정을 함.

기가 없으면 이기주의가 난무하는 세상에서 닥쳐오는 온갖 시련을 제대로 배겨 낼 수가 없다. 어쨌든 살아야 한다.

몽테뉴는 이런 말을 했다. "인간들은 비참과 잘 어울리기 때문에, 아무리 가혹한 조건이라도 목숨만 유지할 수 있으면 용납한다." 이 말대로 인간은 살기 위해서 삶의 길이 험난할수록 더욱 강인한 정신력을 발휘한다. 현재 불행한 처지에 놓여 있더라도 강인한 정신력과 오늘보다 나은 내일을 향한 희망을 안고 먼저 생명부터 살려야 한다. 살아 있어야 기회도 생기는 법이다. 내일을 향한 꿈을 가진 인생으로 바꾸려면 모든 과거의 기억을 먼저 긍정적 현재의 생각으로 바꿀 필요가 있다.

현재의 현상에 지배를 당하지 않는다

AI 시대, 장차 개인주의와 물질화로 변해 가는 삶으로 살 수밖에 없는 인생의 행진에서 생명체로서 자신의 변화와 삶의 의미와 가치에 대해서 깊이 생각해 볼 필요가 있다.

인간이 길을 가다가 잠시 멈추어 뒤를 돌아보면 지나온 길이 보이고 앞을 보면 가야 할 길이 보인다. 현재 서 있는 곳에서 한 발을 떼어서 걸음을 옮기는 순간 방금 서 있던 곳은 과거의 현상이 되고 방금 내디딘 곳은 미래였던 곳이 새로운 현재의 현상이 된다. 그리고 시간은 멈추지 않는다. 인생의 시간이 멈추면 죽음으로서 현재가 사라지고 동시에 미래도 사라진다. 기억해 줄 사람이 없으면 과거도 사라진다. 이것은 인간의 힘으로 살아 있는 동안 지금 여기를 떠나지 못하는 '인간의 숙명'이다.

그만큼 인간에게 현재는 중요하다. 현재가 중요한 만큼 현재에 대한 느낌도 중요하다. 실질적인 현상을 느끼지 못하는 인간은 살아도 사는 게 아닐까? 각종 영상의 허상에 빠져서 살아도 삶이 즐겁다면 잘 사는 게 아닌가? 그에 대한 답은 없다. 분명한 것은 앞으로 인공지능 시대가 번성하면서 인간을 중독성 있는 환상의 세계로 이끌 것이다.

실질적 느낌도 환상적 느낌도 좋은데 문제는 현재와 미래를 구분 못 하고 지금 여기가 현실인지 가상인지를 분별하지 못해서, 경제적 생활능력과 사회성을 상실하여 자발적이고 실질적 경험이 없는 인생으로 사는 것이다. 즉 장차 인공지능에 의해서 실질적 경험도 없는 가운데 자신의 운명을 자신이 지배하지 못하고 인공지능 같은 타력의 힘에 이끌려 지배를 받는 운명이 될 수 있다는 말이다.

인생의 변화가 정신은 인공지능에 맡겨지고 인간은 점점 물질화로 변해 가고 있다. 이런 변화는 우리 주위를 둘러보면 금방 알 수 있다. 지금 우리는 물질을 차지하려고 허겁지겁 살며 육체적 쾌락을 추구하고 있지 않은가. 사랑해서 필요한 것이 아니라, 필요하니까 사랑하는 시대이지 않은가. 이를 선동이라도 하듯이 상품은 온갖 수단으로 소비자를 유혹하고 돈을 많이 벌었다는 사람들의 목소리가 매스컴을 타고 커지고 있다. 상대적 박탈감은 물질적 필요성을 절감케 하고 지금 우리는 물질적 세상이 자신의 운명을 지배하고 있는 현상을 똑똑히 보고 있다.

인간은 현재 무슨 짓을 하고 있는가? 나중에 인간이 로봇을 바라보듯이 인간이 인간을 물건처럼 바라볼 것만 같다. 의학과 과학의 발달로 인간의 수명이 늘어나면서 생존 기능 대체물을 몸 여기저기를 붙이고 사는 사이보그(Cybernetic organism) 인간도 늘어난다. 얼마 안 있으면 인간의 죽음이 정해진 운명이 아니라 인체 관리 부실이라 생각이 들 것이다. 비록 우연한 태생이지만 인간으로서 자신이 선택한 인생에 대해서 '왜 이런 인생을 선택했는가?'를 깊이 생각해볼 필요가 있다.

"늑대가 친절하다고 양의 친구가 될 수는 없다." - 마르쿠스 아우렐리우스 -

소소한 인연이 인생을 바꾼다

인생에서 모든 만남과 선택은 인연이다. 소소한 인연이 누구에게는 일생의 운명을 바꾸는 좋은 운으로 누구에게는 나쁜 운으로 작용할 수가 있다.

오래된 일이다. 회사에서 관리직으로 근무했던 고향 친구가 퇴직 후에 대구 재래시장에서 생선가게를 열었다. 친구 말로는 부산에서 싱싱한 생선을 가져다가 대구 사람들에게 신선한 생선을 맛보이겠다는 것이다. 기특하지만 참 엉뚱하다는 생각이 들었는데 가게를 개업한 지 두 달 만에 문을 닫았다.

책상에만 앉아 있던 사람이 웬 장사를 한다고 했을 때부터 고개가 갸우뚱했는데 그것도 난데없이 생선장사라고 하니 어이가 없어 멍해졌다.

친구는 망했다. 이유는 간단하다. 싱싱한 생선이 안 팔린다는 것이다. 냉동탑차도 준비하고 가게에 대형 냉장고도 설치했는데 모두 소용없게 됐다. 식구가 다 나와서 거들었는데도 모두 헛수 고였다.

친구 말로는 이렇다. 건너편 노점에서 소금에 절인 한물간 갈치는 금방 다 팔렸다. 처음 며칠간 개업 축하 사은품을 제공할 때는 몇 사람 오더니 막상 사은품이 떨어지자 자기 가게에는 사람들이 한번 휙 둘러보고는 그냥 간다는 것이다.

사실인지 아닌지는 모르나 친구는 이런 말을 한다. "대구 사람들은 소금에 절인 갈치나 간고등어 등에 식습관이 있었다. 싱싱한 생선을 어떻게 조리할 줄은 알아도 귀찮게 여기는 것 같았다. 그냥 소금으로 간을 한 생선을 사다가 간단히 구워서 먹는 걸 좋아한다."

부산에서 새벽 어시장 경매를 거쳐 온 싱싱한 생선이 대구에서 팔리지 않아 냉장고에 들어가기 일쑤고 나중에 소금에 절일 수밖에 없었단다.

그 말이 맞는 것도 같다. 내가 충청북도 제천에 있는 어느 산골 마을에 갈 일이 있었다. 어느 아침에 작은 짐차가 하나 오더니 스피커를 틀어 놓고 갈치를 사라고 외쳤다.

"싱싱한 갈치 사세요. 갈치가 왔어요. 싱싱합니다."

나는 의심스러웠다. 나는 부산 사람이라 싱싱한 생선이 어떤 형태인 줄을 안다. 그래서 호기심 반 의심 반으로 짐차에 가서 보니 어이가 없었다. 내가 보기엔 갈치가 반쯤 썩은 것 같았다. 소금에 절인 갈치다.

산골 사람들에게 소금에 절인 갈치가 싱싱하게 보이는가? 고객 얼굴과 판매인 얼굴을 번갈아 쳐다보니 이런 갈치 상태가 모두 싱싱하다는 듯이 모두 태연한 표정이었다.

내륙 지방에서 싱싱한 생선을 보관하기 힘들어 소금에 절여서 보관하고 먹다 보니 정작 싱싱한 것을 어떻게 조리할 줄도 모르고 더욱이 생선비린내가 비위에 잘 맞지 않은 것 같았다.

그것도 모르고 마음만 가지고 장사에 뛰어들었으니 퇴직금을 홀라당 말아먹을 수밖에 없지 않은가. 상대의 입맛도 모르면서 무작정 싱싱한 것만 고집했던 친구의 선의는 도리어 실없는 짓거리가 돼 버렸다.

친구는 이렇게 말한다. "게다가 재래시장에는 단골이라는 게 있다. 이미 있던 생선가게 맞은편에다가 생선가게를 차렸으니 고객이 눈치를 살필 수밖에 없지 않겠는가. 가게 방향도 서향이라 여름이면 가게 안으로 햇볕이 길게 오래 든다. 생선을 싱싱하게 보관하는 게 힘들어진다."

하여튼 내가 보기에 조급하게 경험도 없는 장사에 뛰어들면서 전혀 준비를 제대로 하지 못한 것 같았다. 어찌하여 그렇게도 악조건만 골라가며 선택한 것인지 참으로 모를 일이다.

퇴직 후 백수 상태로 있다가 뭔가 해야겠다는 생각으로 마음이 급해지면 정작 중요한 것은 눈에 들어오지 않는가 보다. 그것도 고향이 아니라 타향에서 일을 벌인 것도 무슨 이유가 있을 것이다. 그래서 어느 날 내가 물어보았다.

"왜 생선가게를 생각하게 되었어?"

"사실 대구에 부산이 고향인 친척이 있는데 대구에는 싱싱한 생선이 별로 보이지 않는다고 했어. 부산에서 싱싱한 생선을 사다가 대구에 팔면 잘 팔릴 것 같다는 거야. 내가 퇴직한 지 1년 정도 되니까 정말 무슨 일이든 하지 않고는 배겨날 수가 없었어. 어디 모임에 나가도 구석으로 밀려난 느낌이고 내밀 명함도 없고. 그래도 넥타이 매고 생활을 했던 고향에서 장사하자니 남세스럽고. 마침 부산 어시장에 아는 사람도 있고 해서 서두르게 됐어."

"그랬구나. 그래도 그렇게 빨리 그만둘 수 있다니 참 다행이다."

"가게를 한 달 정도 해 보니 알겠더라고. 모르고 시작하면 안 된다는 것을. 내가 경제개념이 없더라고. 긴 세월 동안 관리 위주로 일을 하다 보니 무슨 일을 해도 관리 문제부터 머리에 떠오르는 게야. 돈 벌 생각은 안 하고 행사나 모임에서 꿔다 놓은 보릿자루처럼 보이기 싫다는 생각만 한 게야. 사실 장사보다는 내 이력 관리에 더 신경이 쓰였지. 이 장사를 더 하다가는 내 체면은 고사하고 가족 생계가 힘들겠더라고. 게다가 생선을 손질하는 게 아무나 하는 게 아니더라고. 힘들어. 어시장에서 생선비린내를 그렇게 맡았는데도 별로 나쁘지 않았는데 온종일 비린내를 맡고 집에 돌아오면 온 집안이 생선비린내만 나는 거야.

아내가 생선 다듬기에 무척 힘이 들었던 모양이야. 아내가 그 만두자고 조르기도 하고. 사회에 나와서 좋은 경험을 했다고 생각해야지. 다시 일자리를 구하고 이제 있는 것이나 잘 관리하고 조용히 살아야지. 돌아보니 별것도 아닌 것을 가지고 내가 조급하게 굴었더라고. 그 명함 쪼가리가 뭐라고.”

그 말을 듣는 순간 나는 전에 살았던 아파트 앞 도로 가에다 한 젊은이가 좌판 위에 생선 몇 마리를 놓고 팔았던 모습이 떠올랐다.

출퇴근길에 오가며 쳐다보니 젊은이가 어디서 배웠는지 생선 손질 솜씨가 깔끔했다. 누가 생선을 사러 오면 그 젊은이는 쉽게 조리할 수 있도록 깨끗하게 손질해 준다. 점점 인기가 좋아지고 생선장사는 더욱 친절했다.

그러더니 그 젊은이는 근처에 생선가게를 차렸다. 단골도 많이 생기고 생선장사로 자리를 잡은 것 같았다. 얼마 후 건너 빵집 아가씨하고도 사이가 좋아 보였다. 장사는 목돈 가지고 마음만으로 하는 것이 아님을 나는 알았다. 생선 손질도 기술이다. 친절도 능력이다.

재래시장에 가면 큰 대야에 생선을 몇 마리 놓고 파는 할머니들이 있다. 그 할머니에게 하루에 얼마나 팔리냐고 물어보면 깜짝 놀랄 대답을 듣는다. 그 생선 좌판으로 자식 공부를 다 시켰다는 것이다.

마음만 내키면 얼마든지 먹고 살 수 있는 구석은 있다. 그렇다고 지금 집에서 놀고 있는 사람에게 생선장사를 해 보라고 하면 아무래도 욕을 들을 것 같다. 습관 바꾸기란 하늘 별 따기만큼 어렵기 때문이다.

세상살이가 만만치 않다. 먹고사는 문제에 세대 차이는 아무런 의미가 없다. 완벽한 준비로 일을 시작해도 생각대로 움직이는 일은 별로 없다. 아무리 좋은 부모를 만나 타고난 운명이 좋아도 스스로 준비되지 않은 상태에서는 좋은 인연을 만날 수가 없다.

이를 알고서도 그럴까마는 큰돈을 들여서 생계를 위한 일을 시작하는 데 섬세한 준비도 없이 무모하게 일을 시작한다는 것은 섶을 지고 불 속으로 뛰어드는 꼴이다. 이는 생명을 담보로 한 도박이나 다름없다.

이런 행동의 원인은 문제의 본질을 벗어나서 대부분 쓸데없는 생각으로 시작된 잘못된 인연의 만남에 있다. 이 이야기는 자신의 관심을 어떻게 정리하느냐에 따라 인연이 다르게 나타난다는 것을 보여 준 사례다.

인연은 관심에서 비롯된다

> 인연은 우연의 끌림이나 선택적 끌림이나 '평소에 품고 있던 관심'에서 비롯된다.

'내 미래의 운명이 무엇일까?'라는 물음에 답을 찾고 싶다면 먼저 '어떻게 하면 좋은 인연을 만날 수 있을까?'라는 물음에 호응하여 자유롭고 폭넓은 생각이 담겨 있으며 실현 가능한 관심을 가질 필요가 있다.

인간은 자연과 삶의 흐름 그리고 인간관계 속에서 순간순간 선택을 하고 인연(因緣)[16]을 만나며 살고 있다. 지금, 이 책을 펼쳐서 읽는 것은 인연의 끈으로 이어져 행운을 만난 것이다. 행운이

---

16) 인(因)과 연(緣). 곧, 결과를 만드는 직접적인 힘과 그를 돕는 외적이고 간접적인 힘.

란 눈에 보이지 않지만 이미 마음속으로 준비된 상태가 실현될 기회를 만나서 이뤄진 현상이다.

이 책을 손에 든 독자는 오랫동안 중요한 것에 시간을 바쳐 무언가 준비하려거나 이미 준비된 상태이다. 독자는 이 책을 준비된 마음으로 본 것이다. 무엇이 독자와 이 책을 만날 기회를 만들었을까? 다시 묻는다. 이런 행운을 이어 주는 힘은 무엇인가?

눈앞에 수천 권의 책이 있어도 마음이 내키지 않으면 한 권도 보이지 않는다. 수천 명의 사람이 모여 있어도 마음에 없으면 아무도 눈에 보이지 않는다. 누구와 열애 중인 사람이라면 오로지 마음에 소중하게 품고 있는 사랑하는 사람의 얼굴만 머리에 떠오른다.

바로 이 책이 독자에 눈에 띈 건 독자만의 관심(關心) 때문이다. 이 책에서 말하는 관심이란, 정말 중요하다고 생각이 드는 그 무엇이 당장 눈에 보이지 않아도 마음에 담겨 있어서 언제 어디서든 머리에 떠올릴 수 있는 상태를 말한다. 예컨대 사랑하는 사람이 멀리 떨어져 있어서 눈에 보이지 않아도 항상 곁에 있는 것처럼. 마치 부모와 자식의 관계처럼.

관심이 인연의 끈이 된다. 여기서 중요한 것은 관심은 이미 준비된 목표와 계획을 향하는 마음이 일으킨 상태라는 것이다. 목표와 계획이 없는 마음에 무작정 관심이 생기지 않는다. 관심은 한 페이지 책을 읽고 다음 페이지에 관심이 생겨 책장을 넘기듯이, 꼬리에 꼬리를 물고 이어진다. 이렇게 관심은 인연의 끈이 되어 관심과 관심이 이어지는 매 순간 운명의 지배력은 보이지 않는 손으로 행동을 이끈다. 다시 말하면 관심이 행동을 유발하고 그 행동이 인연과 인연으로 이어져 운명이 발현되는 것이다.

여기에 또 한 가지 의문이 있다. 하고 많은 책방 중에서 하필이면 이 책방을 선택했을까? 독자의 관심을 이 책방으로 끌어당기는 힘은 무엇일까? 이 힘은 그냥 지나가다가 일어난 우연의 끌림일 수도 있고, 선택적 끌림일 수도 있다. 어쨌든 끌림에는 목표와 계획을 향하는 관심이 담겨 있다.

좋은 인연을 위한 6가지 관심

인간의 삶에서 좋은 인연을 만나려면 성공에 관한 의지, 돈에 관한 비움과 채움, 일에 관한 겸손, 사람에 관한 예의 그리고 자신에 대한 믿음과 미래를 향한 도전 등에 열정적 관심집중이 필요하다.

우연히든 필연이든 인간의 인연은 자신의 관심 즉 목표와 계획을 향하는 과정에서 만나게 된다. 관심이 있는 곳에서 의식과 몸이 열리고 그 의식 또는 몸이 만난 곳에서 인연이 일어나기 때문이다. 우리는 공간의 삶에서 매 순간 무언가 만나고 선택지를 결정한다. 밥 먹을 때 무의식중에 몸의 관심에 따라서 습관적으로 김치에 젓가락이 가고, 매운 음식을 먹다가 의식의 관심으로 물을 찾기도 한다. 몸과 의식의 관심으로 결혼 대상자를 선택하기도 하고 이사할 집을 선택하기도 한다. 이렇게 인연은 의식의 관심으로 일어날 수 있고 몸의 관심에 따라 무의식적으로 일어날 수 있다. 이렇게 사소한 것부터 제법 큰일까지 우리의 관심에서 인연이 이루어지고 있다.

인간의 삶에서 가장 큰 관심을 가지는 게 무엇일까? 바로 도모하는 일의 성공이 아닐까. 여기서 자문자답을 한번 해 보자. "나는 성공하고 싶다." "왜 성공하려는가?" "하고 싶은 것을 마음껏 해 보고 싶다." "그러려면 어떻게 해야 하는가?" "열심히 일해서 돈을 번다." "무슨 일을 선택할 것인가?" "내가 좋아하는 일이다." "그 선택한 일이 자신과 다른 사람에게도 좋은 일인가?" "정말 그렇다고 생각하는가?" "그렇다." "그렇다면 성공할 수 있다." 자문에서 "정말 그렇다고 생각하는가?"에 대한 "그렇다."란 자답에는 관심에서 나온 믿음이 담겨 있다. "그렇다면 성공할 수 있다."란 자답에는 도전정신이 있다.

이 자문자답 안에서 현실적인 여섯 가지 인연의 요소를 발견할 수 있다. 바로 성공, 돈, 일, 사람, 믿음, 도전이다.

성공에 관한 의지

성공이란 가치 있는 목표를 이루어 나아가 자신이 하고 싶은 걸 아무런 장애물이 없이 할 수 있는 상태이다. 사람들은 이런 상태에 이르기 위해서 성공을 갈망한다. 성공의 강력한 원동력은 바로 의지와 열정이다. 어떤 일에 성공하려면 관심집중과 의지와 열정이 담긴 전심전력이 필요하다.

인간에게는 무한한 잠재력이 있다. 의지는 인간 내부의 잠재력과 외부의 에너지를 모으는 힘이다. 열정이란 자신의 생계와는 전혀 관계가 없지만, 자신이 응원하는 팀의 경기를 보기 위해서 먼 거리도 마다하지 않고 달려와서 팬들과 어울려 함께 목청껏 응원하는 것과 같다. 이처럼 열정이란 아무런 이해타산 없이 자신이 하고 싶은 일에 몰입하는 힘인 것이다.

헨리 포드는 이런 말을 했다. "성공의 비결이 있다면, 그것은 타인의 처지에서 이해하고 자신의 처지에서 사물을 생각할 줄 아는 능력일 것이다." 그렇다. 자신의 개성을 살리고 타인을 이해하며 함께 하려는 명분에 의지와 열정을 담은 일에는 인간의 영혼을 움직이는 힘이 있다. 이런 의지와 열정에는 반드시 강력한 에너지가 몰려와서 좋은 인연을 만나게 될 것이다.

돈에 관한 비움과 채움

최인호 소설 상도의 내용이다. 상인 임상옥이 처음에 상단을 끌고 연경에 가서 큰돈을 벌었다. 그리고 같이 간 동료와 연경을 구경하다가 동료에게 이끌려서 유곽으로 들어갔다. 그리고 유곽에 팔려온 한 여인의 자유를 위해서 거금을 베푼다. 이 일이 문제가 되어 상단을 떠나 중이 된다. 나중에 그가 도와준 여인이 고관의 첩이 되었고, 그 고관은 고마움을 갚기 위해서 임상옥이 중국과 무역할 때 큰 도움을 준다.

비록 소설 속의 이야기지만 이 이야기는 조선 선조 때 실존 인물인 역관 홍순언의 실화를 바탕으로 한 것이다. 홍순언에 관한 이야기가 여기저기 전해져 오는 바에 따르면 홍순언이 거금을 베풀어 유곽에서 구해준 여자가 나중에 명나라 예부시랑 석성의 후

처가 되었다.

　홍순언이 역관 신분으로 사신을 따라 연경으로 가는 중에 '통주'라는 곳에 머물렀다. 유곽에 들어가 접대하러 온 기생을 보니 매우 어여쁜 여인이었다. 술 시중을 들었는데, 옷차림이 소복이었다. 호기심이 돋아 물어보니 아버지가 연경에서 벼슬을 했는데 역병이 들어 부모가 모두 죽었다. 그런데 자기 혼자서 부모님을 고향에 모시고 가 장례를 치를 돈이 없어 유곽에 나왔다고 한다.

　여기서 처음이란 말에 가여운 생각이 들고 몸가짐이 단정한 여인이 유곽에서 몸을 팔고 살아야 하는 데 안타까움이 들었다. 그래서 유곽을 벗어나는 데 얼마가 필요하냐고 물었더니 금 3백 냥이 필요하다 했다. 여기서 마음을 크게 먹은 홍순언이 거금을 내어 주고 그 여인을 유곽에서 풀려나게 했다. 그녀가 홍순언의 성함을 묻자 그냥 '홍'이라는 성만 알려 주었다. 귀국해서 홍순언은 사적으로 공금을 유용한 죄로 옥에 갇혔다.

　이 당시에 조선 왕실에서는 아주 골치 아프고 문제가 있었다. 태조 이성계의 아버지 이름은 이자춘이다. 그런데 대명 법전에 고려 시대 권신 이인임으로 잘못 기록이 되었고, 이를 바로잡기 위해 수차례 사신을 보내 정정해 달라고 해도 듣는 둥 마는 둥 핑계를 대며 선조 때까지도 정정하지 못했다. 그 후 족보 정정을 위해서 변무사로 정해진 황정욱이 이미 다녀간 사신들로부터 홍순언 역관을 찾는다는 이야기를 듣고 홍순언과 함께 명나라에 갔다. 마침내 조선 왕실의 200년 숙원을 홍순원의 은혜에 감복해 있는 명나라 예부시랑 석성의 도움으로 해결되었다.

이 이야기가 사실이라 해도 전혀 믿기지 않는다. 그런데 사실이다. 보통사람은 기쁨과 이익이 있는 데 관심을 가진다. 아마 홍순언이라는 역관은 당시 어떤 마음이었을까? 감옥에 갇힐 걸 알면서도 한 생명을 어두운 운명의 구렁텅이에서 구한다는 것은 돈보다 생명에 더 큰 기쁨과 관심이 있었을 것이다.

인간의 운명이란 예측할 뿐이지 정말 알 수가 없다. 인연은 운명을 움직인다. 인연이란 어떻게 이어질지 모른다. 도모하는 일에 최선을 다하는 수밖에 없다. 그래야 좋은 운명을 만나려고 애간장 태우지 않고 지금 여기서 하는 일에 마음 편하게 관심을 집중하고 일에서 즐거움을 누릴 수가 있다. 일이 즐거우면 운명이 바뀐다. 일이 즐거우면 행복하다. 이렇게 행복한 운명은 일을 즐기는 것에서 비롯된다.

이 이야기를 통해서 증명된 것은, 나누면 채워진다는 것이다. 돈에 관한 비움과 채움, 마냥 채울 것인가 아니면 나눌 것인가? 중요한 것은, 자신이 가지고 있지 않은 걸 타인에게 줄 수는 없다. 홍순언이 3백 냥이라는 거금을 망설임 없이 내어 놓은 것은 그만한 능력이 있었기 때문이다. 자신이 불행하다면 어떻게 타인을 행복하게 할 수 있겠는가.

데일 카네기가 이런 말을 했다. "풍요로운 사람은 남이 은혜 갚기를 기다리거나 남에게 은혜를 모르는 사람이라고 말하지 않고 남을 도와주는 즐거움만을 보람으로 사는 사람이다." 홍순언이 그런 사람이라 여겨진다.

필요한 돈이 자기 수중에 있으면 기분이 좋다. 기분이 나쁘면 돈이 많아도 소용없다. 돈은 기분이다. 돈이 아니라도 좋은 기분을 서로 나누고 채울 수 있다. 나누면 채워진다는 정신의 바탕에는 성공을 위해서 일을 선택하되 나와 다른 사람에게도 기쁨을 주는 일을 선택하라는 함의가 있다.

인간관계는 이성적 소통보다 감정적 소통이 중요하다. 아무리 훌륭하고 좋은 말로 충고를 해도 듣는 사람이 기분이 나쁘면 관계만 나빠진다. 남에게 예의 바르고 친절하며 감정적으로 기쁨을 주는 일을 한다면 이는 자신의 행복을 키우는 일이며 돈을 벌기 위해서도 필요한 좋은 인연의 에너지가 된다.

일에 관한 겸손

1

성공하는 건 자신이 잘나고 능력만 있다고 이루어지는 게 아니다. 준비된 자신이 기회를 만나야 한다. 그 기회는 어디서 오는가? 바로 자기 주위 환경과 인간과의 인연에서 온다.

열심히 일한다고 돈을 벌고 성공하는 것이 아니다. 실력을 갖추고 환경의 도움에 겸손하면 좋은 인연을 만날 기회가 온다. 물은 위에서 아래로 흐른다. 몸을 낮춘다. 그러면 높은 곳에서 에너지가 자연스럽게 흘러서 모이고 외부에서 인연이 모여든다.

학식이 높다고 좋은 자리만 찾는다면 치켜든 머리를 받치고 있는 목만 아프다. 누구나 돈 벌기에 첫발을 내딛는 일에는 서툴기 마련이다. 일하는 목적이 무엇인가? 돈을 버는 것이다. 학벌이 돈을 벌지는 않는다. 돈의 흐름을 알아야 돈을 번다. 만약 돈을 처음 번다면 돈의 걸음마부터 배워야 한다. 돈의 걸음마는 근무여건이 좋은 직장에서 일하며 좋은 연봉을 받는 게 아니라 돈의 흐름 속에서 돈을 벌 기회를 잡는 것이다.

돈을 벌 기회를 잡고 발전을 위한 가장 좋은 방법이 겸손이다. '내가 누군데.'란 생각으로 돈 앞에 서면 쪽박 차기 십상이다. 오만에는 적이 많다. 미국의 실업가 록펠러는 청년 시절에 어느 회사에 면접을 보았다. 거기서 그는 회사에서 가장 보수가 낮은 데서 일하겠다고 했다. 지금 당장 일이 필요했기 때문이었다. 돈을 버는 데는 귀천이 없다. 자신이 지금 하는 일에 발전된 능력을 발휘하면 자신을 향한 외부의 관심은 많아지고 좋은 인연의 문이 열리면서 더 많은 돈을 벌 기회가 생기게 된다.

사존심이 밥 먹여 주는 게 아니다. 아는 채 말고 모르면 배운다. 사람에게는 약함에 대한 보호 본능이 있는 것 같다. 자신이 무언가 부탁을 한 사람보다 자신에게 무언가 부탁을 한 사람에게 더 친근감이 생기고 관심이 간다고 한다. 일하다가 모르면 선배에게 정중하게 물어본다. 모든 일의 성취는 자기 하기 나름이다. 함께 하면 부흥하고 홀로 하면 쇠잔해진다. 한 직장에서 동료가 자기보다 더 인정을 받는다고 스트레스받지 말자. 자신의 실력이 모자람을 인정하고 모자람을 배우는 즐거움으로 실력을 키우면 된다.

2

백문불여일견(百聞不如一見)이라 한다. 사람은 백 번 듣는 것 보다는 한 번이라도 진실을 보고 싶어 한다. 윗사람이 높은 자리에 앉아 눈앞에 펼쳐진 절경을 그대로 아랫사람에게 얘기해도 낮은 자리에서 듣는 아랫사람은 윗사람의 그림자만 바라보고 상상만 할 뿐이다.

높은 자리에서 들려온 얘기로는 아랫사람의 호기심만 부추기고 답답한 마음을 달래려는 상상의 날개만 펼치게 만든다. 그러나 아무리 상상의 날개를 펼쳐 높이 올라도 결코 진실을 볼 수가 없다.

그런데 요즘 세상에 윗사람이 높은 자리에 앉아 함께 일해야 할 아랫사람들에게 오직 자기 소리만 듣기를 원하고 하인 취급한다면 이런 갑질 속에서 어느 누가 함께 일을 하고 싶겠는가.

높은 자리에 앉아 조직의 눈과 귀를 막아 놓고 눈앞에 뻔히 보이는 현실을 자화자찬까지 한다면 그런 행위는 그야말로 구성원들을 하인 다루듯이 행세하는 구시대의 발상으로 유치한 선동과 선전수준을 넘기 어렵다.

서로 존중하는 관계를 유지하려면 자기 입장을 세우기 위한 일회성으로 그칠 특별한 행동보단 평소에 겸손을 바탕으로 상호호혜 하는 리더의 균형감을 유지해야 한다. 윗사람의 생각과 아랫사람의 생각은 너무나 다르다. 햇볕 좋은 높은 자리엔 밝은 풍광이 가득하겠지만 그 아래엔 검은 그림자가 대부분이기 때문이다.

사람에 관한 예의

성공하는 사람은 폭넓고 끈끈한 인맥을 자랑한다. 고향 친구, 사회 친구, 남자 친구, 남자 사람 친구, 여자 친구, 여자 사람 친구, 학교와 직장 선배, 동기, 후배, 계급과 지위가 높은 사람, 계급과 지위가 낮은 사람, 고향 사람, 다른 지역 사람, 업계 사람 등등 어떤 사람이든 자신의 인맥이 될 수 있다.

유럽 동화를 읽어 보면 무도회가 많다. 어릴 때 신데렐라를 읽으면서 무도회란 말이 가장 생소했다. 내가 어릴 때 우리 사회에서 춤바람으로 가정 파탄이 많이 발생한 것에 대한 부정적 인식이 강해서 그런지 몰라도 유럽 사회에서 무도회를 가려고 젊은 남녀들이 그렇게나 많은 관심을 가질까 무척 궁금했다. 알고 보니 옛날 유럽의 농경시대에는 경작지가 넓어서 마을과 마을이 많이 떨어져 있었다. 그래서 결혼적령기에 이른 젊은 남녀들이 만나려면 그 수단이 무도회밖에 없었다. 그 지역을 다스리는 영주가 마련한 무도회는 소위 공개적 결혼 대상 찾기 행사였다.

사람이 무슨 일을 도모하든지 그렇지 않든지 간에 사람을 많이 만나야 새로운 정보도 얻고 우연한 행운에 관한 기대도 할 수 있다. 지인들과 관심을 나누는 과정에서 별다른 의미 없이 툭 던지는 말 한마디에서 창조적 아이디어도 얻을 수 있다. 친구의 추천이나 그들이 제공하는 정보는 만남의 인연이 없으면 얻기 어렵다. 한마디로 사람의 인연 즉 인맥이 자신에게 생각지도 않은 기회를 가져다줄 수 있다.

문제는 인맥을 유지하기 위해서는 예의를 베풀 줄 알아야 한다. 자고로 베푸는 데 인심이 나고 인심이 모이는 곳에 흥함이 있다고 했다.

자신에 대한 믿음

먼저 자기 자신을 믿어야 한다. 자신도 못 믿으면서 어떻게 일을 시작하겠는가. 실제 자신을 믿지 못하는 사람은 타인도 믿지 못한다. 타인을 믿는다고 하더라도 일시적인 흉내만 내고 말 것이다. 믿음이 없는 환경과 인간관계로 시작된 일은 애당초부터 믿음이 가지 않는다.

셰익스피어 작품 《햄릿》에 이런 말이 있다. "최후에 가장 긴요한 말씀 (중략) 자신에 대하여 진실하라. 그러면 밤이 낮으로 이어짐과 같이 타인에 대하여도 충실해질 것이다."

이 이야기로 보면 자기 자신을 긍정적으로 바라보고 믿어야 한다. 자신을 믿으면 자연스럽게 힘이 솟는다. 하지만 그 믿음이 진실해야 한다. 그 믿음이 자기기만[17]에 빠져서 겉과 속이 다르면 결국은 자신에게 불신은 더해가고 타인으로 받게 될 비난의 실마리가 불어난다.

세상에서 가장 믿을 것은 자신밖에 없다. 자신이 생각해서 스

---

17) 자기가 자기의 마음을 속이는 일. 자기의 신조나 양심에 어긋난다는 것을 알면서도 하는 일 따위.

스로 믿을 만하다는 진심이 생기도록 스스로 노력한다. 자기가 자신을 진실로 믿지 못하는데, 어떻게 다른 걸 믿을 수 있겠는가. 자신을 믿으면 자신이 하고 싶은 것을 마음만 먹으면 해낼 수 있다는 자신감이 생긴다. 자기에 대한 믿음이 관심을 부르고, 관심이 하고 싶은 것을 선택하기 때문에, 자신이 선택한 일에 대해서 자신감이 생길 수밖에 없다. 타인을 통해서 자신을 만들겠다는 생각은 처음부터 하지 않는 게 좋다.

타인을 통해서 그를 믿고 자기 일을 성취하겠다는 생각은 하지도 말아야 한다. 자신을 믿을 수 있도록, 하고자 하는 분야에 전문성을 가져야 한다. 남의 말을 듣고 현혹되어 스스로 판단도 제대로 못 하고 움직이면 반드시 곤란한 경우를 당한다. 세상의 모든 일은 상대적이다. 자신이 완벽하게 성취할 수 있다고 자신감을 가지고 하는 일도 상대의 태도에 따라서 달라진다.

예를 들어, 음식점에서 주방일을 주인이 직접 하지 않고 주방장에게 일임한다면 그 영업은 주방장 손에 매달리게 된다. 그래서 자신을 믿고 일을 해야지 남을 믿고 일을 한다는 것은 자신의 생명을 남에게 주어 버린 것이나 다름이 없다.

'사람이 사람을 못 믿고 어떻게 살아갈 수 있나.'라고 말할 것이다. 물론 그렇다. 그러나 자신이 스스로 확신을 갖지 않은 사람과 함께 일을 하면 안 되고, 무엇보다 자신이 하고자 하는 어떤 것에서 확실한 믿음을 가져야 한다는 것이다. 그러기 위해서 스스로 믿을 수 있는 실력을 길러야 한다.

다시 말하지만, 가장 주의할 것은 자기 자신에게 진실해야 한다. 자신의 양심을 깊이 헤아려 보고 가식적인 행동으로, 또는 실제적으로는 내키지 않는데 주위의 형편으로 '에이 한번 믿어 보지!' 하는 만용을 부리지 말아야 한다. 자신이 진정으로 믿는 대로 행동해야 한다.

인간의 삶은 매우 불투명하다. 벌거벗고 태어난 인간은 특유한 통찰력으로 열악한 환경에서 생존할 수 있었다. 이런 통찰력으로 자연을 이해하고, 그 자연에 적용하고, 자연의 도움도 받았다. 자연으로부터 인지된 경험이 시간이 지남에도 불구하고 변함없이 같은 현상으로 나타남으로써, 자연은 인간에게 신뢰라는 감정을 형성했다. 이 자연에 대한 신뢰의 감정이 타인과 자기 자신에 대한 신뢰의 감정으로 점차 발전했다.

이런 관계의 믿음을 통해서 인간은 인간관계 속에서 다양한 사람과 인연을 맺고 있다. 서로 질서와 규칙을 지키고, 그러한 질서나 규칙이 간단하게 허물어질 수 없다고 믿으면서 믿음은 발전된다. 그리고 상대가 당신을 악의적으로 이용하는 행동을 할 의도가 없을 것이라는 기대와 상대가 강한 양심을 가진 사람이라고 확신한 경우에 신뢰는 더욱 강해진다.

자기 자신에 대한 믿음은 타인으로부터 존중받게 되고, 그로 인하여 타인과 대화의 벽을 허문다. 인간은 자기 자신에 대한 믿음을 잃어버리면 심약해지고 중심을 잃고 남이 시키는 대로 따르며 변명 비슷한 말을 잘하게 되고, 주도권, 정력 및 박력을 잃어 타인의 존경과 자존감이 없어진다.

미래를 향한 도전

우리 속담에 '열 번 찍어서 넘어가지 않는 나무가 없다.'라는 말이 있는 것처럼 남을 속이지 않는 좋은 일이라면 상대가 귀를 열고 마음을 열 때까지 알려야 한다.

목적을 달성하려면 상대에게 자신의 능력과 강점을 알려야 한다. 취업이 목적이면 취업을 위해서 자신이 훌륭한 능력과 인성을 갖추었음을 알려야 한다. 중요한 것은, 자신을 거짓으로 포장하지 말아야 한다. 일이란 말이 아니라 실력으로 증명하기 때문이다.

아무리 잘 만든 제품도 소비자에게 알려야 관심이 생긴다. 그 관심을 바탕으로 제품의 판매가 이루어져야 가치를 갖게 된다. 세상에서 잘 만든 훌륭한 제품이 제대로 알려지지 않아서 사장된 것이 많다. 사람도 마찬가지다. 무슨 뜻 있는 일을 위해서 다른 사람들의 협력이 필요할 때 또는 새로운 일을 찾을 때 자신을 알려야 한다. 그래야 타인도 세상도 자신에게 관심을 가진다.

세상을 위해서 아무리 큰 뜻을 깨우쳤다 하더라도, 그 뜻이 세상에 알려지고 펼쳐지지 않으면 가치가 없다. 알려지지 않은 뜻은 혼자서만 알고 있는 일기장과 같다. 자의든 타의든 모든 것은 알려지지 않으면 세상 사람은 모른다. 뜻이 있는 곳에 길이 있고, 뜻을 알리는 곳에 기회가 있다.

어떤 뜻을 품고 있다면, 자신의 능력을 알려야 한다. 미래를 내다보고 오늘의 자기를 알려야 한다. 자기를 알림으로써 뜻을 펼칠 기초를 마련하는 것이다. 우리는 스스로 잘 알리는 방법을 배워야 한다.

똑같은 일이라도 알리는 방법에 따라서 효과는 다르다. 사람에게 알리려면 신뢰 있는 사람을 통해서 알려라. 평소에 쓸데없는 소리만 하는 사람을 통해서 자신을 알리면 쓸데없는 소리가 되어버린다. 모든 정보는 전달자가 누구인가에 따라 신뢰성이 다르게 판단된다.

자신을 알리되 상대를 파악하고 행동한다. 자신이 을이라면 자신의 체면을 따지지 말고 목적을 위해서 갑에게 절실한 진심을 알려라. 과장되고 허장 된 알림은 도리어 진실마저 잃어버린다. 자신을 알리되 꾸준히 알려야 한다. 사람은 반복되지 않는 것에는 망각이라는 현상을 가져온다. 잘 알려지고 유명한 사람들은 자신의 분야를 꾸준히 알려 온 사람이다.

어느 날 갑자기 혜성처럼 나타났다가 잠시 떠들썩하게 하고서는 알게 모르게 사라져 버리는 사람이 많다. 자신이 필요할 때만 나타나서 알리면 신뢰성이 없다. 평소에 꾸준한 알림이 그 생명력을 길게 한다.

신념의 행동

"인간은 충동으로 밀려 나가지만 가치에 의해 다시 끌려 나온다."
– 빅터 프랭클 –

자신을 믿고 쓸데없는 비교의식을 버린다

인생에서 가장 큰 변수는 시기와 질투 같은 감정을 자극하는 타인과의
비교에서 비롯된다.

헤로도토스의 『역사』에 이런 이야기가 있다. 제법 긴 이야기라
원전의 줄거리만 간추려서 요점만 정리했다. 리디아 왕인 크로이
소스가 아테네의 입법가 솔론(B.C. 640?~B.C. 560?)에게 자신의
보물창고를 보여 주고 나서 자신이 세상에서 가장 행복한 사람이
라고 믿고서 이렇게 물었다. "그대가 이 세상에서 누구보다도 더
행복한 사람을 만난 적이 있는지 진심으로 묻고 싶소이다."

솔론이 답하기를 실림이 넉넉할 때 '구국을 위한 전투에 참전해
서 장렬한 죽음'을 맞이한 아테네의 델로스가 가장 행복한 사람이
라 했다. 이 말에 크로이소스는 다음으로 행복한 사람이 자신이
라고 짐작하고 이렇게 물었다. "그다음은 누구입니까?"

솔론이 답하기를 다음으로 행복한 사람은 아르고스의 클레오
비스와 비톤 형제라고 했다. 그들은 어머니가 소달구지를 타고
헤라 축제에 가야 하는데 들판에 나가 있는 소가 돌아오지를 않
아서 그들이 대신 소의 멍에를 지고 소달구지를 끌고 뛰어 어머
니를 신전에 도착시키고 축제에 모인 사람들이 보는 앞에서 '가족
을 위해서 해야만 할 일을 완수하고 맞이한 훌륭한 죽음' 때문이
라 했다. 이 말에 크로이소스는 화가 치밀었다. "그대는 내 행복
을 완전히 무시하는 거요?"

솔론이 이렇게 대답했다. "인간이 오래 살다 보면 보고 싶지 않
은 것도 많이 보고, 겪고 싶지 않은 것도 많이 겪어야 하나이다.
저는 인간의 수명을 일흔 살로 잡는데, 70년은 모두 26,250일이
되는데, 그중 똑같은 일이 일어나는 날은 단 하루도 없사옵니다.
따라서 크로이소스 전하, 인간이란 전적으로 우연의 산물이옵니
다. 보아하니, 전하께서는 거부에다 수많은 백성을 다스리는 왕
이시옵니다. 하지만 전하께서 행복하게 생을 마감했다는 것을 알
기 전에는 전하의 물음에 답을 할 수 없사옵니다. 큰 부자라도 운
이 좋아 자신이 가진 부를 생을 마감할 때까지 즐기지 못한다면
그날그날 살아가는 사람보다 더 행복하다 할 수 없기 때문이옵니
다. 많은 거부가 불운했는가 하면, 재산이 넉넉하지 못하더라도

운이 좋은 사람도 많사옵니다. -중략- 부자는 자신의 욕구를 쉽게 충족시킬 수 있고 재난을 견디기가 수월하나이다. 그러나 가난한 사람은 그리 쉽게 욕구를 충족시키고 재난을 견딜 수 있는 것은 아니라 하더라도 운이 좋으면 피할 수는 있사옵니다. 그는 또 몸이 온전하고, 건강하고, 시련을 겪지 않고, 자식 복이 있고, 잘 생겼을 수도 있사옵니다. 게다가 그가 훌륭하게 생을 마감하게 된다면, 그런 사람이야말로 전하께서 찾고 계시는 사람, 곧 행복하다고 불릴 자격이 있는 사람이옵니다. 누군가 죽기 전에는 그를 행복하다고 부르지 마시고, 운이 좋았다고 하소서. -중략- 전하! 무슨 일이든 그 결말이 어떻게 되는지 눈여겨보아야 하옵니다. 신께서 행복의 그림자를 언뜻 보여 주시다가 파멸의 구렁텅이에 빠뜨리시는 경우가 비일비재하니까요."

솔론은 재산이 많다고 행복한 게 아니며 어떻게 사는가가 중요하며 행복을 죽음 이후에나 알 수 있다고 했다. 그리고 인간이 살아 있는 동안에 잘산다면 그냥 운이 좋은 것이라 했다. 이 말을 재해석하면 이런 생각이 든다. 인간에게 어제는 이미 죽은 시간이다. 솔론의 말대로라면 어제까지의 삶으로 행복한가 불행한가를 알 수 있을 게 아닌가. 오늘은 내일의 어제다. 인간은 내일을 상상할 뿐이지 결코 내일을 만날 수 없다. 내일을 만나면 오늘이 되기 때문이다. 따라서 오늘이 행복하면 행복한 인생이다.

사실 인간에게 존재하는 시간이란 현재밖에 없다. 그리고 현시대에 행복이란 어디까지나 개인에게서 일어나는 현상에 대한 기쁨과 만족의 상태이니만큼, 현재 본인이 행복하다는데 본인이 죽은 다음에 누가 자신의 인생을 불행이라 말한다고 무슨 소용이 있으며, 현재 본인이 불행하다는데 본인의 죽음 후에 누가 자신의 인생이 행복이라고 말한들 무슨 의미가 있겠는가.

그리고 솔론이 말한 '운이 좋았다.'라는 말에 노파심이 일어나 그냥 지나칠 수가 없다. 우리는 주위에서 흔히 듣는 말로 '운칠기삼(運七技三)'이란 게 있다. 이 말을 검색하면 이런 설명이 나온다. 운칠기삼이란 사람이 살아가면서 일어나는 모든 일의 성패는 운에 달린 것이지 노력에 달린 것이 아니라는 말이다. 즉 운이 7할이고, 재주(노력)가 3할이라는 뜻이다. 곧 모든 일의 성패는 운이 7할을 차지하고, 노력이 3할을 차지하는 것이어서 결국 운이 따라주지 않으면 일을 이루기 어렵다는 뜻이다. 누구는 운이 80%라고 한다.

정말 그럴까? 실상 그렇다고 하더라도 3할의 일을 하고 7할의 운을 기다리며 일을 도모하고 행동으로 옮기는 사람은 없을 것이다. 7할의 운을 기다린다고 하더라도 일단 3할의 일은 해야 하지 않겠는가. 로또복권을 사지도 않고 복권당첨을 기다릴 수 없으니 말이다. 의사가 운을 바라고 환자를 치료하지 않다시피 모든 사람은 비록 3할의 일이라 하더라도 자신이 바라는 기대를 안고 자신이 하고자 하는 일에 나름대로 최선을 다한다. '운칠기삼'이란 말은 어디까지나 경쟁 사회에서 비록 '내가 잘나서 일을 해냈다.'라는 마음이 들더라도 상대 앞에서 '운이 좋았다.'라고 겸손한 마음을 가지라는 의미와 상대에게는 '운이 나빴다.'라며 토닥이는 위로의 말 정도로 이해하는 게 좋을 것 같다.

아무렴 마른하늘에 날벼락 같은 운이 아닌 다음에야 어떤 일에 대한 노력도 없이 운을 바라는 사람이 있겠는가. 자신이 운명의 주인이라면 운칠기삼이라는 말을 '노력해 봐야 운 앞에서 별수 없다.'라고 부정적으로 받아들이는 것보다, '노력하면 할수록 행운도 더욱 커진다.'라고 수용하는 게 좋을 것 같다.

여기서 솔론과 크로이소스의 일화를 말하는 것은, 일국의 왕으로서 자신이 가지고 싶은 걸 다 가지고 있으면서도 자기 인생의 주인이 되지 못하고 남의 행복과 비교하려는 크로이소스처럼 되지 말자는 것이다. 아무리 부자이며 권세가 있더라도 자신의 행복을 불행한 사람들을 위해서 나누려고 행복을 비교하는 게 아니라, 누가 더 많이 가지고 행복한가를 놓고 타인의 행복과 비교하는 순간 자신의 인생은 타인의 지배를 받게 되며 나아가 인생의 밭에 악운의 씨앗을 뿌리기 때문이다.

나중에 크로이소스는 페르시아의 세력이 커지는 게 못마땅해서 벌인 전쟁에서 페르시아 크로스 왕에게 체포되어 화형에 처했다. 화형장에서 불에 타서 죽을 순간에 갑자기 하늘에서 비가 쏟아져 살았다. 그리고 크로스 왕은 크로이소스로부터 솔론이 했던 말을 듣고 자신의 인생도 언뜻 나타난 행복의 그림자에 혹해서 경거망동하다가 파멸의 구렁텅이에 빠져 버린 크로이소스처럼 될 것을 두려워한 나머지 크로이소스의 죽음을 면하게 했다. 크로이소스는 크로스 왕의 종으로 자처하였다.

이 일화를 통해서 '인생에서 가장 큰 변수는 시기와 질투 같은 감정을 자극하는 타인과의 비교에서 비롯됨'을 항상 마음에 새길 일이다.

행복이란 저마다 입맛과 밥그릇 크기가 다른 것처럼 저마다 기쁨과 만족의 상태가 다름에도 서로의 행복을 비교한다면 욕심만 자극해서 시기와 질투, 상대적 박탈감, 불평불만 등으로 시빗거리만 생기고, 자신보다 잘되는 꼴을 못 보는 심통이 무시로 부글거려서 마음 편할 날이 없다. 아무리 재산을 산더미처럼 쌓아 놓아도 날이면 날마다 마음이 불편한데 행복할 리가 있겠는가. 더욱이 욕심에 대한 집착은 생각지도 못했던 악운과 위기를 부르기 마련이다.

크로이소스가 페르시아와 전쟁을 치르기 전에 신탁으로 전해 들은 "노새가 메디아인들의 왕이 되거든 발이 부드러운 리디아인이여, 그때는 지체하지 말고 자갈이 많은 헤르모스강을 따라 도망가라. 겁쟁이라고 불리는 것을 부끄러워 말고."라는 말을 크로이소스는 '사람이 아닌 노새가 메디아인들의 왕이 되는 일은 결코 없을 것이다.'라고 자신에게 유리한 쪽으로 해석하고 페르시아를 무시하다 정복을 당하는 악운에 빠졌다. 이처럼 집착은 편견과 고정관념 그리고 아집에 빠져서 자신이 기대하는 인생을 합리적으로 선택할 수 없도록 만든다.

성공의 단계에 적절한 신념이 필요하다

성공을 원한다면 먼저 성공의 단계마다 자신이 추구하는 삶의 가치에 적절하고 확고한 신념이 필요하다.

미국의 저명한 언론인이자 작가인 토머스 프리드먼은 진로를 찾는 젊은이를 위해서 이런 말을 했다. "낯선 땅에서 기회를 찾는 이민자처럼 생각하고 갈망하라. 그리고 항상 장인처럼 생각하고 자신이 하는 일에 대해서 특별한 자부심을 가져라."

우리는 어떤 구상하는 일에서 망설임이나 두려움을 느낄 때 그냥 뒤로 물러서기보다는 의식적으로 잠시 멈춰서 현재 마주 선 문제와 대상에 대해 곰곰이 생각해볼 필요가 있다. 그래서 자신에 대해 다시 성찰하고, 자신이 무엇을 할 수 있는지 재구상을 한다. 그리고 그 구상을 가장 자신이 있고 신뢰하는 것에다 연결해본다. 그렇게 생각을 정리하고 나면 새롭고 더 나은 길을 나아갈 힘이 생기게 된다.

자유로운 영혼에는 신기한 영적 힘이 있다. 사람은 도모하려는 일의 목표를 확실하게 결심하고, 성공을 위해서 신념이 생기면 자신도 모르는 강한 에너지를 갖게 된다. 자신이 장차 이뤄 낼 목표를 상상하고 '나는 할 수 있다!'라며 두 주먹을 불끈 쥐고 하늘을 우러러본 사람이면 이 말을 이해할 것이다. 이것은 잠재력이 깨어난 현상이다. 이 잠재력이 신념으로 발전된다.

자신을 긍정적으로 관조[18]해 보면 자신이 얼마나 대단한 잠재력을 가진 존재임을 알 수 있다. 지금까지 어떤 일을 하면서 비록 생각대로 안 되지만 그래도 타인을 배려하고 용서하며 고된 일을 참고 견디면서 실패 앞에서도 굴하지 않고 성공의 길을 가려고 노력하지 않았는가. 이처럼 자신은 마음만 내키면 무엇이든지 할 수 있는 대단한 잠재력을 가진 존재이다.

자신이 잠재력의 위대성을 믿는다면 불가능해 보이는 일 앞에서도 잠재력에서 발현된 신념으로 '할 수 있다.' 또는 '하면 된다.'라는 말이 절로 나올 것이다. 여기에 자신의 실력까지 더한다면 자신이 원하는 삶을 얼마든지 이룰 수 있다. 날개 없는 인간이 지금은 하늘을 날고 우주 공간을 날고 있지 않은가.

일반적으로 대부분 사람이 바라는 삶은 '부자가 되고 싶다.' 또

---

18) 조용한 마음으로 대상의 본질을 바라봄.

는 '사업하고 싶다.' 또는 '정치하고 싶다.'라는 꿈을 가지고 돈을 많이 벌거나, 승진하거나, 권력의 자리에 오르고 싶은 것이다.

그러나 누구나 이룰 수 있는 삶이 아니다. 사람은 저마다 다른 능력과 환경에서 태어나 살고 있다. 그리고 사회 구조상 경쟁의 상대가 기다리기 때문이다. 상대는 다양하다. 그 상대가 세상일 수도 있고, 사회일 수도 있고, 직장일 수도 있고, 취업이나 면접 준비일 수도 있고, 입시 준비일 수도 있고, 인간일 수도 있고, 자신일 수도 있고, 아무도 모르는 운일 수도 있다. 그중에서 가장 힘든 상대가 바로 자신이다.

인생은 신념의 싸움이다. 자신의 신념에 따라 성공의 내용이 달라지고 운명이 변한다. "자신에게 싸워서 이기는 것이 최대의 승리다." 이는 고대 희랍의 철학자 플라톤(BC 427~347)의 말이다. 아무튼, 현재 운명을 극복하려면 앞으로 만날 수많은 상황에 긍정적인 태도로 대응하기 위해서 자신을 이겨낸 자신감으로 가득한 신념이 필요하다.

신념을 위한 긍정적 가치관이 필요하다

운명을 극복하기 위해서 먼저 과거와 미래가 아닌 현재 자신이 처한 상황에 깊은 관심을 보이는 '현재 의식'에서 발현한 삶의 가치관이 필요하다. 이 가치관이 운명을 극복하는 힘으로 작용하기 때문이다.

가치관은 현재 처지와 환경, 성품, 미래의 희망 등에 따라 정하기도 한다. 안정된 삶과 경제적 소득도 중요한 가치이지만 자신이 하고 싶은 일을 선택하는 것도 중요한 가치다. 이 때문에 만약 부모의 가치관에 따라 자식의 가치관을 변화시키려 한다면 나중에 부모와 자식 간에 깊은 갈등의 골에 빠질 수도 있다.

굳이 가치관을 분류하자면 대략 두 가지로 나눌 수가 있다. 인생관과 성공관이다. 인생관은 개인이 그의 인생에서 최종적으로 얻고자 하는 가치관을 말한다. 에긴대 권력, 명예, 재산, 평온한 생활 등이다. 성공관은 인생관을 달성하기 위한 단계적 수단으로 이용되는 가치관이다. 예컨대 실력, 인맥, 욕망, 사랑, 믿음, 양심, 수양 등이다.

생명체에는 인과의 법칙에 따른 저마다 잠재력이 있다. 즉 앞에서 설명했듯이 인과의 법칙에는 출발의 기운, 확장의 기운, 통제의 기운, 응집의 기운, 저장의 기운 등 다섯 기운이 흐른다. 이 다섯 기운이 인간의 잠재력이다. 눈앞에 커다란 나무가 보인다. 저렇게 큰 나무가 조그마한 씨앗에서 시작되었다는 것을 생각해보면 생명체의 잠재력이 무엇인지 쉽게 짐작을 할 수 있다. 생명체의 살아감이 참으로 신비롭다. 식물은 잠재력에 따라서 싹이 나서, 성장하여 꽃을 피우고, 색과 향기로 벌 나비를 불러서 수정하고, 열매를 맺고, 씨앗으로 새 생명을 품는다. 마찬가지로 인간도 다섯 기운의 잠재력으로 태어나서 성장하고 상처를 치유하고 삶의 욕구를 일으키고 생체의 채움과 비움을 반복하며 늙어서 죽는다.

정리하면 다섯 가지 잠재력이란 바로 세상에 태어나서 살아 내야 한다는 출발의 잠재력, 성장하여 자유롭게 살려는 확장의 잠재력, 적응하고 저항하며 보호하려는 통제의 잠재력, 존재의 목적을 이루려는 응집의 잠재력, 새로움을 창조하려는 저장의 잠재력 등이다. 인간의 잠재력에는 각각 적응력, 저항력, 창조력이 담겨 있다.

잠재력은 원초적 생명의 기운이며 조화와 균형을 향하는 영적 기운이기도 하다. 이를테면 출발의 잠재력은 봄의 기운이요, 확장의 잠재력은 여름의 기운이며, 통제의 잠재력은 하늘과 땅의 기운이며, 응집의 잠재력은 가을의 기운이고, 저장의 잠재력은 겨울의 기운이다.

인간의 신념은 현재 의식으로 발현된 가치관과 잠재의식 속의 잠재력에 대한 믿음으로 이뤄진다.

여기서 중요한 것은 가치관을 정하되 긍정적 가치관을 갖추는 게 필요하다. 긍정적 가치관이 중요한 것은, 무엇보다 긍정적 가치관에 신념을 품은 사람의 표정은 밝게 빛난다는 것이다. 좋은 인연은 밝은 표정을 향해 모여든다. 목적달성과 성공을 원하면 표정부터 밝게 바꿀 필요가 있다. 악은 악을 부르고 선은 선을 부르기 때문이다.

잠재력과 현재 의식의 5가지 관계

인생은 무엇이 되느냐보다, 어떻게 사느냐가 중요하다.

이제 '운명적 관계'에서 선천성 운명적 관계에 있는 5가지 잠재력에 대해서 알아보자. 인간은 누구나 자신의 마음 그릇만큼 충만하고 강한 잠재력을 가지고 있다. 참고사항으로 잠재력을 움직이려면 현재 의식의 관심집중이 필요하다. 잠재력은 매우 단순하기 때문이다.

잠재력은 인간의 몸에서 이미 설계된 대로 움직이며 스스로 판단하여 활동하지 않는다. '나' 즉 주인의 현재 의식에 의한 관심집중 여부에 따라 잠재력의 집중력이 변한다. 주인의 관심이 일목요연하지 않고 변화무상하면 잠재력은 갈팡질팡하며 집중력을 잃고 힘을 발휘하지 못한다. 다시 말하면 잠재력은 자신을 위해 존재하는 충성스러운 군사와 같다. 충성스러운 군사에게는 주인의 확실한 명령과 관심이 필요하다.

주인은 각 잠재력의 특성을 고려하여 필요시에 마음속으로 나름대로 명령을 내리고 관심집중을 하면 된다. "나는 저것을 이겨낼 수 있다." 이런 식으로 말이다. 그러면 잠재력은 이겨 내는 힘을 발휘한다. 다시 말하지만, 잠재력에 중요한 건 현재 의식에 의한 관심집중이다. 관심집중을 받지 못하는 잠재력은 힘을 잃고 만다.

이 때문에, 우연히 만난 사건에서 마음의 준비나 훈련이 되지 않은 사람이 미약한 잠재력으로 감당하기 힘든 마음의 충격을 받으면 기가 막혀서 혼절하는 현상이 일어나기도 한다. 이것이 생사가 난무하는 참혹한 전장에 나서는 병사에게 강한 훈련이 필요한 이유이기도 하다.

참고사항으로 각각 잠재력마다 필요할 때 현재 의식의 관심으로 잠재력이 유발할 수 있도록 '잠재력을 유발할 현재 의식의 관심'을 적어 놓았다.

출발의 잠재력

출발의 잠재력은 빅뱅과 같다. 순간의 폭발이 거대한 우주로 팽창하듯이 출발의 잠재력은 엄청난 팽창력을 가진다. 그리고 로켓이 불을 뿜고 하늘로 치솟듯이, 총알이 총구를 빠져나오듯이, 새싹이 땅을 밀고 나오듯이, 병아리가 껍질을 뚫고 세상에 나오듯이 강력한 돌파력으로 출발하려는 힘이다.

이처럼 출발의 잠재력은 압축되어 저장되어 있던 에너지가 순간적으로 폭발하면서 나오는 강력한 힘을 가진다.

출발의 잠재력을 유발할 현재 의식의 관심

출발의 잠재력을 유발할 현재 의식의 관심

목적을 가지고 일을 한다.

인내하며 도전을 마다하지 않는다.

문제 해결에 주도적인 역할을 한다.

내 안의 기쁨으로 세상을 밝힌다.

필요시에 한계에 이를 정도로 힘을 쏟을 수 있다.

하고 싶은 일이면 어떤 어려움도 마다하지 않는다.

확장의 잠재력

확장의 잠재력은 출발의 잠재력을 확장하려는 힘이다. 확장의 잠재력은 에너지가 닫는 데까지 힘차게 뻗어 나가는 기백이다. 새싹을 성장시키고 꽃을 피우고 향기를 뿜어서 벌과 나비를 모으는 힘이다. 확장의 잠재력은 뜨거운 태양이 하늘에서 내리쬐듯이 강렬한 열정을 품고 있다. 인간에게 확장의 잠재력은 마음만 먹으면 무엇이든지 못할 게 없다는 기운을 일으킨다. 확장의 잠재력은 힘차게 뻗어 나가는 기상이 펄펄 넘치는 힘을 품고 있다.

확장의 잠재력을 유발할 현재 의식의 관심

확장의 잠재력을 유발할 현재 의식의 관심

실천력과 추진력이 있다.

일에서 경쟁을 마다하지 않는다.

일이 즐겁다.

일을 함께하길 좋아한다.

뿌린 대로 거둠을 안다.

기회를 잡을 용기가 있다.

통제의 잠재력

통제의 잠재력은 모든 잠재력의 기운을 융합하고 조화시키는 힘이다. 통제의 잠재력은 오로지 새 생명을 위한 결실을 위해서 주어진 조건 내에서 모든 잠재력을 조정하며 정리하고 다스린다. 통제의 잠재력은 생태 환경에 맞추어 생존하려는 힘이다. 통제의 잠재력은 힘찬 출발과 열정으로 충만해져 뻗어 나가는 힘을 조정하여 결실을 이루도록 이끄는 힘이다.

통제의 잠재력을 유발할 현재 의식의 관심

통제의 잠재력을 유발할 현재 의식의 관심

일에 대해서 관찰하기 좋아한다.
채우되 넘치지 않는다.
중요한 일에 결단력이 있다.
변화를 두려워하지 않는다.
호기심이 있으며 배움이 즐겁다.
모름과 다름을 긍정적으로 수용한다.

응집의 잠재력

응집의 잠재력은 분산되어 뻗어 나가 있는 힘들을 모아들여 집약하려는 힘이다. 응집의 잠재력은 열매를 맺으려는 힘이다. 응집의 잠재력은 새 생명을 탄생시킬 바탕을 준비하는 힘이다. 이런 목적을 달성하여 결실을 이루기 위해서 흩어져 있는 에너지를 목적에 필요하도록 에너지를 모아야 한다. 에너지를 계속 발산만 해서는 목적과 목표를 잃게 된다.

응집의 잠재력을 유발할 현재 의식의 관심

응집의 잠재력을 유발할 현재 의식의 관심

날마다 새롭다.

항상 일의 주인으로 행동한다.

자신이 하는 일에서 최고가 된다.

약속을 잘 지킨다.

목표를 가지고 일을 하다가 밤을 새워도 좋다.

항상 아직 늦지 않았다고 생각한다.

저장의 잠재력

저장의 잠재력은 흩어진 힘을 모아서 응축된 것을 굳세게 지키며 단단히 다져서 저장해 두는 힘이다. 저장의 잠재력은 적절한 기회가 왔을 때 새 생명이 제대로 발아하도록 그 힘을 단단히 지킬 수 있는 씨앗을 만든다. 저장의 잠재력은 다음의 새로운 출발을 위해 에너지를 충분히 저장해 두는 힘이다. 그냥 저장하는 게 아니라, 새로운 출발의 잠재력을 위해서 손을 대면 터저 버릴 듯이 꽉 찬 힘으로 뭉치는 것이다.

저장의 잠재력을 유발할 현재 의식의 관심

저장의 잠재력을 유발할 현재 의식의 관심

오늘도 살아 있음에 감사한다.
최선의 노력 결과를 하늘에 맡긴다.
현재를 즐기고 미래를 구상한다.
자신과 타인에게 정직하다.
효율적으로 비우고 효과적으로 채운다.
스스로 자기반성을 하며 틈틈이 마음을 비운다.

여기서 중요한 것이 있다. 무일푼에서 재벌이 되겠다며 재물에 대한 가치관을 가져도 시간과 공간적으로 실현 가능성이 없으면 결국은 허송세월이 될 뿐이다. 가치관이란 성공의 단계에 따라서 이기적이나 이타적 또는 중용 등으로 변하므로, 현재 의식으로 현재 자신의 처지와 한계를 살펴서 시간과 공간적 실현이 가능하도록 현상에 적절한 단계적 가치관을 가질 필요가 있다.

굳게 믿는 마음인 신념은 자신을 바꾸어 운명을 극복할 수 있으며 그야말로 인생의 성공을 위한 원동력이다. 인생의 성공은 '나의 삶의 의미와 가치는 무엇인가?'에 대해서 깨달은 현재 의식과 현재 의식의 관심으로 유발한 잠재력이 조화를 이루어 행동한 결과이다. 신념은 현재 의식과 잠재력의 조합으로 발현된다. 긍정적 삶의 가치관이 담긴 현재 의식과 현재 의식의 관심이 집중되어 충만한 잠재력으로 조화를 이루어 강한 신념으로 자리한다면 반드시 자신이 추구하는 인생의 성공을 훌륭하게 이루리라 믿는다.

신념을 정리하면서 예를 들어 보자. 만약 현재 의식으로 인생의 가치관을 '평온한 삶'이라고 정했다면, 다음으로 이 가치관을 희망으로 삼고 실천하기 위해서 '잠재력을 유발할 현재 의식의 관심' 중에서 필요한 현재 의식을 선택하여 신념으로 삼으면 그에 상응한 잠재력이 유발하여 작용한다.

평온한 삶을 위한 다짐

'내 안의 기쁨으로 세상을 밝힌다.'
'뿌린 대로 거둔다.'
'채우되 넘치지 않는다.'
'날마다 새롭다.'
'오늘도 살아 있음에 감사한다.'

위의 내용을 삶의 신념으로 삼아서 즐겁게 살아갈 것을
굳게 다짐한다.

전략 4.

성격

보이지 않은 걸 보이는 듯 대비한다
- 내일의 성공보다 오늘의 평온한 생활을 위해서 -

"행운의 걸음걸이는 불규칙하여 어디로 갈 것인지 알 수 없다. 유리하다고 생각되면 과감히 전진하라. 불운하다고 생각되면 아무 일도 하지 말고 물러서라." - 발타자르 그라시안 -

성격을 다스린다

세상의 흐름은 끊임없이 변한다. 마찬가지로 마주하는 상대도 천태만상이다. 일을 도모하려면 먼저 자신의 성격을 알아야 한다. 그리고 자신의 성격을 시간과 장소에 따라서 상대에게 유연하게 대응해야 저항을 줄일 수 있다.

이런 시구가 있다. '나쁜 운명이 깨어날까 두려워 살금살금 걷는다.' 이 시구에서 어쩌다 태어난 인간이 세상을 살아 내면서 만난 악운에 진저리를 느끼며, 어찌할 수 없이 선택한 나쁜 운명 속에서 평온해지고 싶은 간절한 마음이 엿보인다. 만약 인간이 피할 수 없는 나쁜 운명이 자신에게 이미 정해져 있어서 언제 어디서 자신도 모르는 사이에 나타날 걸 생각한다면 누구나 저런 불안한 마음이 아닐까. 마치 운명 앞에서 죄지은 사람처럼.

어찌하든 세상에 태어난 게 죄지은 것은 아니지 않은가. 저렇게 스스로 자유를 속박하고 하늘의 눈치를 살피며 굴레가 씌워진 것 같은 운명으로 불편하게 살고 싶은 사람이 있을까? 인간은 세상에 태어날 때부터 자유와 재능이 있다. 모르고 어쩌다 태어난 것은 그렇다 치고 누구나 지금 여기서 자신이 선택한 세상에서 당당하게 자기 삶을 스스로 이끌고 싶을 것이다.

"성격이란 많은 사람의 생각처럼 자연적으로 주어지는 것, 타고난 것이 아니다. 선천적인 힘이나 소인[19]이 아니고 매우 일찍 특정한 방식과 태도로 굳어진 것, 습득된 것이다."라고 오스트리아 개인 심리 창시자인 알프레드 아들러(Alfred Adler, 1870~1937)의 말처럼 인간은 성장의 환경과 교육 그리고 선택한 생활에 따라서 저마다 세상을 품는 마음이 달라지고 성격이 다르

---

19) 근본이 되는 원인.

게 형성된다. 여기서 성격의 지혜가 필요한 것은 한번 정해지면 거의 변하지 않는 사람의 성격에 따라 도모하는 일의 성패가 달라지기 때문이다.

인간은 믿고 싶은 것을 믿으려 하는 경향이 강하다. 이를 심리학적으로 '확증편향'이라 한다. 게다가 사람들은 실제가 아니라 보고 싶은 것만 보기 쉽다. 그리고 누구로부터 의심스러운 말을 들으면 '설마'라는 자기 주문에 빠진다. "내가 이토록 믿고 있는데 배신을 하겠는가!" 이렇게 인간은 겉모습에 정신이 팔려 진실 앞에서 쉽게 마음을 닫는다.

멀쩡해 보이는 사람이 삼척동자도 뻔히 거짓인 줄 짐작할 수 있는 일에서 사기를 당해 곤혹스러운 환경에 빠지는 것도 다 이런 인간의 감정 때문이다. 일반적으로 인간의 감정은 사고과정과 의사결정에서 끊임없이 영향을 준다. 특히 쾌락을 바라고 고통을 피하려는 욕망이 그렇다. 그래서 인간은 감정 앞에서는 항상 위기이다.

기원전 5세기, 즉 2천 5백 년 전에 월왕의 구천을 도와서 오왕에게 복수를 성공시킨 '범려'라는 사람이 있었다. 어느 한때 그의

둘째 아들이 초(楚)나라에서 사람을 죽이고 체포되었다. 범려는 즉시 막내아들에게 막대한 황금을 주어 초나라에 보내 차남의 구출 공작을 하게 했다.

그것을 보고 장남이 "그 일은 제가 해야 할 일입니다. 꼭 제게 시켜 주십시오."라고 아버지에게 부탁했다. 부인의 간곡한 부탁도 있고 해서 할 수 없이 범려는 장남을 보내기로 했다. 그런데 장남은 모처럼 지참해 간 큰돈을 쓰는 것이 아까워서 구출 공작에 실패하고 결국 동생의 시체를 안고 돌아왔다.

범려는 씁쓸하게 웃으면서 이렇게 말했다. "이런 결과가 오리라는 것을 처음부터 알고 있었다. 장남이 동생을 생각하지 않은 것은 아니다. 다만 어딘가 한 군데 미련을 못 버리고 있다. 그것도 그럴 것이 어릴 때부터 나와 함께 고생을 너무 많이 했기 때문에 돈을 힘부로 쓸 수가 없는 것이다.

그것에 비하면 막내는 고생을 모르고 자랐기 때문에 많은 돈을 쓰는 것을 별로 대수롭지 않게 생각한다. 내가 처음에 막내를 보내려고 한 것은 막내는 아낌없이 돈을 쓸 수 있기 때문이다. 장남은 그것을 할 수가 없다. 결국은 동생을 죽도록 내버려 두었다."

이처럼 문제의 해결방안이 아무리 좋아도 실제로 해결방안을 실행하는 사람의 성격이 만들어낸 감정에 따라서 그 결과는 크게 달라진다. 그렇게 결과가 달라지면 목적달성을 실패한 것이다.

성격은 쉽게 변하지 않는다. 우리 주위에서 흔히 하는 말로 '세 살 버릇 여든까지 간다.'라고 한다. 이 말은 오랜 경험에서 우러난 무시할 수 없는 우리네 속담이다. 청년기에 다져진 성격은 거의 변하지 않는다. 성격은 만남의 환경과 관계에 따라 안정성과 항상성을 지키려고 저항의 반응을 한다.

예컨대 자신이 성격상 싫어하는 일을 해야 할 때 또는 그 일을 강요받았을 때 조그마한 간섭이나 실수에도 쉽게 짜증을 내고 투덜거리게 된다. 그러면 자신의 성격을 모르는 사람들은 자신의 성격이 불안정하고 짜증을 잘 내는 성격으로 오인되어 인식된다. 그리고 자신을 향해 부정적 시선을 보내는 것이다.

그런 일을 자주 겪고 습관적으로 짜증을 내면 마음은 위축되고 표정까지 어둡게 변해서 부정적으로 작용하며 성격을 지키려는 저항적 반응이 자신의 사회적 성격으로 타인에게 인식되는 것이다. 이런 의미에서 인간의 운명은 습관적 성격에 많은 영향을 받는다고 할 수가 있다.

인생에서 악운이란 적을 막으려면 자신의 성격이 불러낸 감정대로 상대를 대응하지 말아야 한다. 먼저 자기 성격의 약점을 파악하고 약점을 이용하려는 상대의 의도 여부를 살펴야 한다. 이유 없이 도움이나 충고 등으로 자신의 약점을 자극하는 상대는 경계대상으로 삼아야 한다. 만약 상대를 가까이하려면 반드시 서로의 도움이나 충고의 이유를 밝혀 낼 필요가 있다. 때로는 작은 오해로 성패와 생사가 걸린 운명적 사건이 발생하기 때문이다.

악운은 불완전한 곳에 자리한다

완전한 곳에 행운과 악운은 아무런 의미가 없다. 악운은 불완전한 곳에서 발현된다. 인간 세상에 완전한 것은 없다. 인간이 불완전하기 때문이다. 그래서 인간에게 악운은 항상 따라다닌다.

하늘과 땅은 무심하다. 하늘과 땅은 이 땅 위에 사는 사람들을 위해 인정사정 두지 않는다. 하늘과 땅은 하고 싶은 만큼 거침없이 움직인다. 자연의 움직임을 균형 잡기 위해 벌이는 하늘과 땅의 움직임은 용서가 없다. 인간에게 일어나는 모든 재앙은 용서

없는 하늘과 땅의 움직임에 인간 스스로 완전한 적응과 대응을
제대로 못 했기 때문이다.

고대 그리스의 역사가인 '헤로도토스'는 "환경이 인간을 지배하
지 인간이 환경을 지배하지 않는다."라고 했다. 인간은 자연환경
속에서 살아간다. 인간은 자신이 있어야 할 곳에 대한 환경의 파
괴를 두려워하고 환경의 움직임을 잘 알고 행동해야 한다. 그래
야 인간으로서 안전한 생활을 할 수 있다.

환경은 자연의 이치대로 변한다. 그 변화 속에서 세상도 변한
다. 그 속에 사는 사람도 변해야 살 수 있다. 그런데도 우리 주위
에는 '항상 그랬듯이 지금도 그럴 것이다', '그것은 다 아는 일이니
염려하지 말라', '규정이 그렇고 하니 여전히 그럴 것이다', '다른
곳에서 저렇게 해도 이상이 없었으니 여기서도 그렇게 하면 이상
이 없을 것이다.' 등 여러 가지 태만이 불러온 탁상공론의 예가 여
기저기 널려 있다. 그러다 일이 잘못된 방향으로 터지면 하늘 탓
부터 시작해 남 탓하기 바쁘다. 누군가 "태만은 살아 있는 무덤이
다."라고 했다. 방심은 태만을 부른다. 이 말대로 방심은 스스로
무덤을 파는 것이다.

하늘과 땅이 자연의 균형을 위해 인정사정없듯이 우리도 안전한 생활을 위해 주어진 환경을 용서하지 말아야 한다. 항상 그렇게 해 왔더라도 자신에게 주어진 환경 특히 스스로 책임져야 할 일상행동, 관계되는 일과 작업환경, 인간관계 등에서 용서 없는 점검을 해야 한다.

변화하는 세상에서 인간이 관계되는 일에 대해서는 절대 방심을 하지 말아야 한다. 평소에 잘해 왔으니 여전히 잘할 것이라고 믿지 말라. 인간의 생활은 항상 변화한다. 더구나 사람의 마음은 시시때때로 변한다. 그리고 육체의 조건도 수시로 변한다.

사람은 매일 점검대상이다

매일 새롭다. 사람의 몸과 미음도 매일 바뀐다. 사람은 매일매일 가장 중요한 점검대상이다.

세상일이 전과 후를 제대로 가늠하지 못하면 나쁜 일이 일어나기도 하고 때로는 참담한 사건으로까지 이어진다. 전혀 그런 일이 일어날 것 같지 않았는데도 그런 일이 현실적으로 눈앞에서 벌어지고 있는 게 세상일이다.

일을 계획하고 사람을 선택하고 시간을 약속하면서 철석같이 믿고 확신을 했던 것들이 계획은 방치로 선택은 실망으로 약속은 물거품이 되는 '후'의 순간을 맞게 되면 사람들은 항상 '전'에 대해 뒤늦게 깊이 되새겨본다.

뒤돌아보면 전에 그렇게 생각을 했고 판단을 했던 것이 한없이 후회된다. 땅을 치고 통탄도 하고 가슴을 쥐어뜯으며 밀려오는 회한에 피눈물을 쏟기도 한다. 왜 사람들은 이런 '후'에 대한 결과를 '전'에는 예측 못 할까. 무엇이 있어 '전'에 대한 시야를 가려 '후'를 못 보게 하는가.

'설마'가 방심을, '혼돈'이 부적절한 판단을, '흥분'이 어설픈 믿음을, '욕심'이 근거 없는 관대함을, '위기의식'이 자기합리화를 부추겨 결국은 감정이 이성의 눈에 콩깍지를 씌운다.

이런 불확실한 시야로 사리 분별에 임하는 것을 막기 위해 '전'을 따져 보기에 앞서 지켜야 할 기본 원칙과 필요한 준칙이 생겨나고, 사고처리시스템이 개발돼 '후'에 일어날 예상되는 일을 대비하기도 한다. 눈앞의 일만 생각하고 그 이후 발생될 반대급부와 역풍은 전혀 생각지도 않는다면 재해를 당하는 것은 다반사가 되고 '소 잃고 외양간 고치기'가 만성화된다. 매사 전(前)과 후(後)를 제대로 가늠해야 한다.

인간이 미래 운명을 알지 못하는 것은 인간이 미래를 볼 수도 없긴 하지만, 그것보다 인간은 동시에 같은 장소에서 한꺼번에 두 공간과 두 가지 시간을 볼 수도 느낄 수도 없기 때문이다. 지금 여기에 있으면서 어떻게 미래의 시간과 공간을 볼 수 있으며 느끼겠는가? 단지 지금 여기서 과거의 앎을 바탕으로 미래를 예견하고 대비할 뿐이다.

행운은 차치하고 악운이 눈엣가시처럼 느껴진다. 이미 만난 악운을 돌아보고 눈앞에 닥친 악운을 생각하니 이런 푸념이 생긴다. "내가 무슨 잘못을 했길래 이런 고통을 당해야 하는가?" 또는 "내가 전생에 무슨 죄를 지었길래 인생이 이렇게 꼬이는가?" 이 푸념에서 가장 중요한 자기 물음 방식이 나타난다. 바로 문제 앞에서 '왜?'를 떠올리는 것이다.

그 왜를 아는 방법은 '나는 악운을 만났을 때 어떤 상태였는가?'

라는 물음을 가지고 이미 만났던 악운을 되돌아보는 것밖에 없다. 왜 그땐 그랬을까? 원인을 따지되 한마디로 "하지 말걸."이라는 결과에 대한 후회가 아니라, "무슨 목적으로 그랬을까? 그리고 어떻게 진행되었는가?"라는 목적의 흐름을 따져 보는 것이다.

그래야 모르고 지났던 장애물을 발견할 수가 있고 이를 바탕으로 다가올 악운에 대비할 수가 있다. 불확실하고 무질서한 삶의 환경은 평소에 생각지도 못하는 곳에서 나라를 잃는 악운도 품고 있다. 이미 우리는 일제 강점기를 경험하지 않았던가.

악운은 빈틈을 노린다

세상의 모든 일이 불확실하다. 세상의 모든 악운은 인간이 나름대로 마지노선을 정해 놓고 방심하는 순간에 전혀 생각지도 못할 빈틈을 노리고 달려든다.

1차대전 때 독일과 프랑스 사이에서 전쟁이 벌어진 서부전선은 개전 첫 달을 제외하면 전쟁 기간 내내 참호전으로 유지되었다. 참호전은 포병과 기관총의 화력지원 속에 상대의 공세를 막아내면서 상대의 참호로 돌격해 그곳을 점령하고 사수하는 군사행동이었다.

당시에 군사전문가들의 사상은 모두 참호전에 기반하였다. 이런 사상을 기반으로 1936년 프랑스가 독일과의 국경에 쌓은 긴 참호가 마지노선[20]이다. 마지노선은 1927년에 짓기 시작하여 1936년에 알자스부터 로렌에 이어져 160억 프랑, 현재 한화로 약 20조 원을 들여서 완공되었다.

장장 750km에 달하는 마지노선에는 지하벙커 형태의 건물에 포와 총을 쏠 수 있는 자리가 마련되어 독일군이 그 선을 넘지 못하도록 하였다. 이런 마지노선을 마련한 프랑스는 독일의 침공에 안심하고 있었다.

하지만 1940년 제2차 세계 대전에서 나치 독일은 마지노선을 피해서 벨기에로 침입한 다음에 우회하여 프랑스에 침공했다. 그 결과 프랑스는 항복하고 투항했다. 마지노선은 제 노릇을 못 하고 말았다.

---

20) 현대에는 "최후의 방어선", "넘어서는 안 되는 선", "넘지 못하는 선" 등을 일컬을 때 마지노선이라는 표현을 사용한다.

무엇으로도 뚫을 수 없다는 마지노선에 배치된 병력은 마지노 요새에 갇힌 꼴이 되어 제대로 싸워 보지도 못하고 그야말로 무용지물이 되었다.

악운은 인생의 적이다

악운이란 인생의 적이 없다면, 삶에서 모든 건 성공과 행운의 기회다. 만약 악운을 만나더라도 긍정적으로 수용한다면 '살아 있음'이 바로 즐거움이고 새 출발의 발판이 된다.

나는 미래를 생각하면 항상 이런 생각이 든다. "위기는 기회이며 기회는 위기이다."가 아니라 "위기는 위기이며 기회는 기회다." 그 이유는 인간이 평온하게 살려면 무엇보다 현재 상황에 집중하고 유비무환(有備無患)[21]이란 말을 실천하는 게 중요하기 때문이다. 평온한 삶이란 일상에서 행운의 기회가 없어도 위기가 없는 안전한 상태로 사는 것이다.

그런데 말이 평온한 삶이지 우리 주위에서 크고 작게 일어나는

---

21) 미리 준비되어 있으면 근심할 것이 없음.

각종 재난을 염두에 두면 참 특별한 삶이기도 하다. 평온한 삶은 소 잃고 외양간 고치는 것처럼, 믿는 도끼에 제 발등 찍히는 것처럼, 마른하늘에 날벼락 맞는 것처럼 살지 않으려고, 항상 징검다리도 두드려 건너는 마음으로 세상을 살피는 관심과 노력을 요구한다. 인간이 평온한 삶을 살려면 의외로 평온하지 않은 노력이 필요하다.

그런 관심과 노력에도 불구하고 우리는 살아가면 갈수록 삶이 만만치가 않음을 느낀다. 예전에 일어났던 사건 사고가 지금도 비일비재하게 일어나는 것을 보면 인력으로 하는 일에는 한계가 있는 모양이다. 그만큼 나타날 현상(現象)을 인간으로서 예측은 해도 미리 알고 정확하게 대처하기가 사실상 불가능하다는 것을 알게 된다.

비록 악운에 대비하기가 힘들기 해도 악운이 자신의 쇠약한 기운을 파고들고, 강한 기운에 의지하는 오만과 방심을 호시탐탐 노린다는 생각을 염두에 둔다면 악운의 예방에 큰 도움이 될 것이다.

전략 5.

우연

만날 일 없어도 기다린 듯 친해진다

- 예상치 못한 현상이 나타나도 이미 준비된 마음으로 -

"어떤 사건이 발생했을 때 그것을 미리 예견해 전혀 새로운 사건이 아닌 것처럼 인식한다면, 모든 것이 훨씬 익숙해지고 친밀해지고 이에 따라 덜 모질게 느껴진다." - 필론 -

우연과 친해진다

우연에 규칙이 생기면 우연이 아니다. 규칙 없는 우연과 다툴 이유가 없다. 우연을 우연으로 기다리고 맞이할 준비를 한다.

우연한 기회로 우연히 태어난 인생이 길지도 않은 시간을 살면서 왜 이리 힘들게 살아야 하는가? 한 번 태어난 인생을 멋지게 살아보려고 열심히 노력하지만 생각지도 못했던 달갑잖은 일을 만나 상처만 입는다.

　사람들은 이런 우연한 피해를 방지하기 위해 현상의 규칙성을 찾고 일정한 주기를 발견하고자 한다. 하지만 그 모든 것이 제대로 맞아떨어지지 않는다. 우연 앞에서 헛수고의 한탄만 늘어놓게 된다.

　인간 배신, 투자 실패, 천재지변, 계약파기, 금융사기, 전세 사기, 실험무산, 급사, 발병, 통신사고, 교통사고, 의료사고, 추락사, 사고사, 화재, 폭발, 기타 등등 무수히 많은 불행한 일들이 우연히 일어나고 있다.

　이미 그런 불행한 일들에 대해서 많이 경험하고 그에 대한 대비책을 세우고 정비했음에도 불구하고 유사한 일들이 끊임없이 일어나고 있다. 인간이 하는 일에 완벽함은 없는 것 같다. 특히 나쁜 일에는 더욱 그렇다. 그러니 자꾸 법전이 두꺼워지는 게 아닌가.

　돌다리같이 튼튼한 자기 능력을 너무 믿은 나머지 방심한 순간에 우연한 불행은 닥친다. 물을 좋아해서 스킨스쿠버에 베테랑인 사람도 물속에서 지켜야 할 안전 조건을 잘 알고 있으면서도 우연한 신체적 변화나 물속 환경변화로 화를 당한다. 창공을 나는 것을 좋아하는 패러글라이딩에 베테랑인 사람도 마찬가지다.

인간은 이런 우연한 사건이나 사고를 완전히 피할 수는 없다. 그렇다고 이 우연한 것에 빠지다 보면 하늘이 무너질까 땅이 꺼질까 두려워 밖을 못 나가는 기우가 생기게 된다. 어쨌든 인간은 우연을 인정하고 우연과 친해지고 우연을 즐길 수 있는 생활방식으로 사는 게 좋을 것 같다.

우연에 대한 상식을 지킨다

불쑥 나타난 우연이 악운이 아니라면 좋겠다. 뭐니 해도 항상 내가 행동하는 주위 환경에 대해서 안전제일이라는 생각을 잊지 않겠다. 우연히 일어나는 악운은 모두 방심이 원인이다. 이런 주의 사항으로 나 자신은 물론이고 주변 정리와 위험요소에 대한 점검은 상식이다. 안전에 대한 상식이 무너지면 삶의 바닥이 무너진다. 나는 어떤 우연이라도 담담하게 대응할 마음의 준비를 하고 있다.

독일 함부르크에서 유학 시절이다. 어느 날 나는 숙소에서 멍하니 창밖을 보고 있었다. 봄은 봄인데 독일의 봄은 그냥 우중충하다. 햇볕 받는 날이 드물기도 하고 비가 조금씩 자주 오는 편이다. 갑자기 배고픔을 느끼면서 쑥국이 먹고 싶었다. 그래서 '여기도 쑥이 있을까?'라는 호기심을 가지고 엘베강이 보이는 근처 공원에 나갔다.

산책로 주변 풀숲을 찬찬히 보니 반갑게도 쑥이 있었다. 쑥을 뜯어 냄새를 맡아 보니 생긴 것은 분명히 쑥인데 향은 그냥 풀냄새가 났다. 쑥국은 향을 즐기는 맛으로 먹는데 눈으로만 쑥국을 한 그릇 먹어야 했다.

타국에서 살다 보면 고국의 음식 맛이 그리울 때가 있다. 나는 빵과 소시지 그리고 감자에 질려서 가끔 김치가 먹고 싶어 한국 음식점을 찾기도 했다. 흔해 빠진 와인보다 소주가 마시고 싶어서 한국식품 파는 곳을 찾았다.

어느 주말에 독일 지인에게 초청을 받았다. 식탁에 둘러앉아서 음식을 기다리고 있는데 느닷없이 김치를 담가 놓았다고 날 보고 맛을 보라는 것이다. 반갑기도 하고 어리둥절하며 놀라기도 했다. 어떻게 김치를 담글 줄 아는지를 물어보니 자신이 싱가포르에 근무할 때 우연히 김치 담그는 것을 배웠다는 것이다.

물론 한국 김치 같은 것은 기대하지도 않았다. 하지만 호기심 반과 기대 반으로 김치가 나오길 기다렸다. 독일 지인이 담근 김치를 보니 겉절이 배추에 고춧가루와 소금만 넣어 주물럭거린 것 같았다. 내가 보기엔 한국에서 본 겉절이와 별로 다르지 않았다. 신기한 생각도 들었다. 여기에 고국 그리움을 함께 버무리니 그런대로 먹을 만했다.

독일 지인은 김치를 반찬이 아니라 야채샐러드처럼 생각하는지라 다 먹고 나면 또 가져오고 먹고 나면 또 가져온다. 그렇게 고마운 김치를 거절하지 못하고 몇 접시를 먹고 나니 더 먹을 수가 없었다.

그 집 아들이 요리사라서 정말 맛있는 스테이크에다 와인을 마시면서도 그날은 김치로 배를 채운 것이다. 숙소에 돌아와서는 김치를 너무 많이 먹은 탓으로 소금에 절여 놓은 듯한 위를 달래려고 물로 배를 채워야 했다.

정말 고마웠다. 어떻게 내가 김치를 먹고 싶어 하는 걸 알았는지 서툰 조리법이지만 독일 지인은 나름대로 정성껏 김치를 마련했다. 그리고 나를 식사에 초청한 것이다. 그 독일 지인도 타국에

서 오래 살다 보니 내 기분을 짐작할 수도 있었을 것이라 여겨진
다. 한편 상대방이 깜짝 놀라는 것을 즐기는 독일인의 특이한 감
성도 작용했다는 생각이 든다.

지금도 그들의 초청은 감동으로 다가온다. 누구를 대접한다는
것은 상대에게 즐거움을 주는 것이다. 물론 초청하는 사람이 그
날의 주인공이 되겠지만 접대 준비는 초청받은 사람을 위해서 하
는 게 예의라 생각이 든다.

상대를 배려하는 생각과 행동은 감동을 남긴다. 여기서 간과하
지 말아야 할 것은 상대의 배려에 고마움을 느끼면 차후에 인사
말이라도 건네는 게 예의라는 게다.

그 예의를 간과하면 자칫 상대의 오해를 살 수도 있다. "기껏 잘
해 주었더니 모른 체를 한다." 이 때문에 악운을 맞을 수도 있다.
발 없는 말이 천 리를 간다고 이런 나쁜 소문은 관계있는 상대에
게 순식간에 퍼진다. 이런 경우는 부모와 자식 간에도 마찬가지
다. "기껏 키워 놓았더니 전화 한 통 없다." 전화 한 통이 사소한
예의 같지만 이렇게 사소한 것에 대한 잠깐 소홀함이 악운이 되
어 돌아다닐 수도 있다. 반면에 잠깐 예의로 상대에게 관심을 기

울이면 또 다른 행운을 얻을 수도 있다. '말 한마디로 천 냥 빚을 갚는다.'라는 속담도 있지 않은가.

발타자르 그라시안[22]은 이런 말을 했다. "오늘날 정직은 통하지 않고 은혜는 쉽게 잊혀진다. 서로 간에 찬사받는 태도를 나누는 일은 드물며 오히려 최선의 봉사는 최악의 대가를 받는다." 누군가 말했다. "가장 소중한 일은 지금 하는 일이고 가장 소중한 시간은 지금이며 가장 소중한 사람은 지금 바로 곁에 있는 사람이다."

특히 인간관계는 예사롭지 않다. 우리는 가끔 '원수는 외나무다리에서 만난다.'라는 속담처럼 인간의 만남에 있어 참으로 난감한 경우를 당할 수가 있다.

조선 영조(英祖)때 호조판서 정홍순(鄭弘淳)은 젊었을 때 비가 오는 날 외출할 일이 생기면 항상 두 개의 우립을 가지고 나갔다.

---

22) 발타자르 그라시안(1601-1658)은 스페인 사람으로 18세 때 예수회의 일원이 되었다. 그는 교파 소속의 여러 교육기관에서 교사로서 활동하였으며 종군 신부로서도 용기와 능변을 보여주었다. 이 때문에 병사들로부터 '승리의 대부'라는 이름을 얻기도 했다.

혹시 우립이 없어 비를 맞는 사람을 만날 것을 생각해서다.

예전에 어떤 젊은이에게 우립(雨笠)하나를 빌려주었는데 그 젊은이가 빌린 우립을 잘못 처리한 일이 있었다. 그 후 20년이 지나 정홍순이 호조판서로 있는데 호조좌랑(佐郎)이 신임 인사차 방문을 했다.

그런데 어디서 본 듯한 얼굴이라 기억을 더듬어 보았더니 바로 20년 전 우립을 약속한 대로 돌려주지 않았던 그 선비였다.

"하찮은 우립 하나를 두고도 신의를 못 지키는 자에게 어떻게 나라의 큰 돈주머니를 맡기겠는가."라며 그 선비를 그냥 돌려보냈다는 일화가 있다.

우연에 대한 9가지 마음가짐

남의 험담을 하지 않는다

어느 여름날 시골길을 지나던 세종 때 명재상 황희는 잠시 그늘에서 쉬고 있었다. 마침 한 농부가 누런 소와 검은 소를 데리고 일을 하고 있었다. 이것을 바라보고 있던 황희는 뙤약볕에서 땀 흘리며 일하는 늙은 농부가 안쓰러워 보였던지 잠시 쉬라고 말을 건넸다.

농부와 이런저런 이야기 도중에 황희는 이렇게 물었다. "두 마리 소 가운데 어떤 놈이 일을 더 잘하오?"그러자 농부는 잠시 뜸을 들이더니 황희의 옷소매를 끌고 밭에서 조금 떨어진 곳으로 데리고 가는 것이었다. 황희는 농부의 행동에 조금 어리둥절했지만 무슨 이유가 있겠지 하고 농부를 따라갔다.

밭에서 다소 떨어진 곳에 이르자 농부는 황희의 귀에다 대고 작은 목소리로 이렇게 말했다. "누런 놈은 일도 곧잘 하고 시키는 대로 말도 고분고분 잘 듣는데, 검은 놈은 꾀가 많아 다루기가 힘들답니다."

무슨 중요한 이야기를 하는 줄 알았는데 이런 이야기로 여기까지 데리고 온 것이 하도 어이가 없어서 다시 물었다. "아니, 노인장, 그게 무슨 비밀이라도 된다고 일부러 여기까지 와서 말씀하시오?

그러자 농부는 이렇게 말했다. "아무리 말 못 하는 미물이라 할지라도 저를 좋아하고 미워하는 것을 안답니다. 내가 만일 아까 그놈들 근처에서 이런 이야기를 했더라면 그놈들이 다 들었을 것입니다. 어떻게 사람의 말을 짐승이 알아듣겠습니까마는 나는 내 집일을 위해 애써 일해 주는 그놈들의 기분을 상하고 싶지 않소."

이렇게 농부의 사려 깊은 행동에 깊이 감동한 황희는 평생토록 다른 사람의 기분을 상하는 일이 없도록 말 한마디, 행동 하나도 조심했다고 한다.

사소한 일이라도 중요하게 여긴다

명(明)나라 태조(太祖) 주원장(朱元璋)이 장사성(張士誠)의 부대와 대진하면서 적의 후방을 포위하고자 좁은 협곡으로 숨어드는데 마침 그 협곡 가운데서 알을 품고 있는 오리 한 마리가 길을 막고 있었다.

평소 새끼 품은 짐승을 해치면 그 원혼에 대한 업보를 지게 된다고 믿고 있는 주원장은 진군을 멈추고 오리가 새끼를 낳아 제 발로 비켜 줄 때까지 수십 일 동안 작전을 중지하고 기다렸다.

이런 소식을 전해 들은 적진에서는 그렇게 인자한 장수라면 힘들게 싸우는 것보다 차라리 그 휘하에 들어가는 편이 옳다고 판단해 적진의 부장들이 병졸을 데리고 투항했다.

이렇게 비록 사소하고 조그만 일이 생각지도 못한 큰 수확을 가져올 수도 있다. 사소한 일이란 관습상 또는 규정상 으레 해야 할 일이지만 항상 그렇게 해 오던 일이라 평소에 별로 큰 관심을 두지 않는 일이다.

하지만 그것이 어떤 일을 진행할 때 반드시 거쳐야 할 과정이라면 식사할 때 필요한 수저처럼 사소하지만 중요한 일이 된다. 즉 그것은 일을 위한 기초 작업을 의미하기 때문이다. 작지만 중요한 일에 실수하는 일이 없도록 미리 잘 챙겨야 할 것이다.

특히 소홀히 하지 말아야 할 것은 상호존경과 인간적인 배려다. 비록 일에 대한 이익을 두고 인간관계가 형성되었더라도 사람이 하는 일에는 일하는 사람의 기분에 따라 일의 진행상태가 달라지곤 한다. 상대에게 진심을 담은 격려와 필요한 칭찬을 아끼지 않는다면 이 또한 생각지도 않은 일의 성과를 거둘 수가 있다.

상대와의 갈등을 짐작한다

일에 대해 지나친 확신은 어리석은 짓이다. 사람이 판단력이 모자라고 판단이 흐려질수록 고집은 세지고 심하면 아집에 빠진다. 분명 자신이 옳을 때도 필요하다면 대의를 위해 양보하는 것을 미덕이라 여기는데 하물며 자신이 아전인수(我田引水)격으로 해석한 확신으로 일을 밀어붙이다시피 하여 일에 대한 상대의 긍정적 집중력을 흐려 버리면 그 노력은 결국 헛수고가 된다.

임진왜란 당시 명나라 수군(水軍)과 연합작전을 벌이고 있던 이순신 장군은 명나라 사령관인 진도독(陳都督)과 운주당(運籌堂)에서 술자리를 벌이고 있는데 명나라 참모가 전과(戰果)를 보고했다.

새벽에 왜군의 함대(艦隊)를 만났는데 조선의 수군이 왜군의 목을 다 베었고 명나라 수군은 바람이 순하지 못해 전과를 올리지 못했다는 보고였다. 이에 진도독은 참모에게 술잔을 던지며 회를 냈다.

이순신 장군은 그 뜻을 헤아리고 "지금 진중에서 이기는 것은 곧 장군이 이기는 것입니다. 내가 벤 목을 모두 장군에게 바치겠

습니다.”라고 공을 양보하여 진도독이 승리로 보고하도록 했다.

필요시에 덜 중요한 문제를 양보한다면 상대의 태도가 한결 부드러워질 수 있다. 이렇게 급한 일과 중요한 일을 잘 구분하여 장래 큰 이익을 위해 작은 이익을 양보할 수도 있다.

자신이 일에 대해 상대와 의논하는 가운데 자신의 이익과 상대의 이익에 차이가 생기는 경우가 있다. 이런 일에서 서로 옥신각신하다 보면 실제로 해야 할 것을 못 하는 경우가 발생한다. 이런 경우를 대비해 자신이 양보해도 크게 손해가 되지 않을 내용을 미리 정리하여 상대가 거칠어질 때 대의를 고려하여 조그마한 양보로서 그 분위기를 조절할 수가 있다.

이런 경우 이익의 양보도 좋지만, 인간적인 관계를 부각하는 분위기 조성으로 껄끄러운 자신과 상대의 관계를 부드럽게 조절할 수가 있다. 장차 발생할 자신과 상대의 갈등을 해소하기 위해 미리 그 해법을 챙겨 두는 지혜가 필요하다.

큰 욕심이 생기면 작은 욕심을 버려라

태공망(太公望)은 “천하의 이를 함께 하는 자는 천하를 얻고 천하의 이를 제멋대로 하는 자는 천하를 잃는다."라고 했다. 그리고 공자는 "사람은 적은 것을 걱정하는 것이 아니라 균등하지 않은 것을 걱정한다."라고 했다. 이처럼 사람의 생각은 어느 한곳으로 치우면 반드시 중심을 잃게 된다. 생각은 물 흐르듯이 유연해야 한다.

생각지도 못한 상황을 만나서 선택을 할 순간에 사고기능은 융통성을 발휘해야 한다. 이런 순간 상식적으로 먼저 이익을 생각해야 한다지만, 자신은 벌어진 상황에 따라 변한 분위기를 예의 주시하고 침착해야 한다. 그리고 눈앞에 아무리 좋은 것이 놓여 있어도 이리저리 재 보지도 않고 덥석 덤벼들지 말아야 한다.

자기 목숨을 걸고 고역을 감당하는 우두머리의 리더십을 '알렉산더의 오아시스'라 한다. 알렉산더 대왕이 페르시아 원정 중 사막을 가로지르는데 뜨거운 햇볕 아래서 사흘 동안 물 한 모금 마실 수가 없었다.

목이 마른 병사들은 가슴을 쥐어뜯으며 뜨거운 모래 위를 뒹구는데 마침 적게나마 물이 있는 오아시스를 하나 발견했다. 그 물을 한 병사가 조금 떠다가 알렉산더에게 바치자 대왕은 그 병사에게 고맙다고 말하고 받아든 아까운 물을 땅에 부어 버렸다.

그리고 대왕은 가장 계급이 낮은 병사부터 그 오아시스의 물을 마시게 했다. 이 같은 리더십의 반대를 '사자의 차지(Lions Share)'라고 한다. 사자란 다른 짐승이 잡아놓은 먹이를 빼앗아 제 배부터 채우는 데서 비롯된 말이다.

이렇게 어떤 이익을 놓고 피할 수 없는 선택의 순간에 자신이 '알렉산더의 오아시스'를 택하느냐 아니면 '사자의 차지'를 택하느냐를 놓고, 다시 말해 전체를 위하느냐 아니면 하나를 위하느냐는 문제로 고민한다면 현재의 이익보다 나중에 얻을 대가를 생각하는 게 자신에게 현명한 처세다.

그러나 만약 두 가지 길 중에서 어느 길을 선택하더라도 자신에게 손해가 된다면 둘 다 과감히 거절할 줄도 알아야 한다. 거부할 줄 아는 것은 인생의 위대한 규칙이다. 자신에게 부적당한 일에 몰두하는 것은 아무 일도 안 하는 것만 못하다.

필요한 것을 얻으려면 필요한 것을 주어라

희랍신화에서 비롯된 '황금사과의 법칙'이란 게 있다. 천하의

미녀요 발이 빠른 아탈란테와 결혼하기 위해서는 그녀와 경주를 해서 이겨야 한다. 하지만 그 누구도 그녀의 빠른 발걸음을 이길 수가 없다.

이에 히포메데스는 한 가지 꾀를 낸다. 아탈란테의 미모를 시기하고 있는 여신 아프로디테를 찾아가 황금사과를 얻어 들고 경주에 나선다.

히포메데스는 앞서가는 아탈란테의 발밑에 황금사과를 굴려 그녀가 그것을 줍는데 정신이 팔려 있는 동안에 추월하여 목적을 달성한다. 이처럼 소기의 목적을 얻으려면 회의나 협상에서 뭣인가를 내놓아야 한다는 것이 이 법칙이다.

이 법칙을 되새겨 보면 에너지를 기분 내키는 대로 쓰고 쓸데없는 데 낭비하지 말고 그 에너지를 아껴 필요에 따라 계획적으로 사용해야 한다는 의미를 엿볼 수 있다.

우리는 흔히 급하게 필요한 물건이 있어 허겁지겁 찾다가 못 찾게 되면 '개똥도 약에 쓰려면 없다.'라고 푸념한다. 그렇게 마음이 급해지다 보면 평소 주변에 널려 있는 것도 잘 보이지 않을 때가 있다. 그 순간 누군가 그것을 적시에 해결해 준다면 이는 매우 고마운 일이라 생각이 든다.

비록 하찮은 것이라 해도 꼭 필요할 때 그것은 황금사과처럼 보인다. 주린 배를 움켜쥔 배고픈 자에게 한 덩어리 밥도 황금사과다. 많이 가졌다고 아무런 명분도 없이 그냥 인심 좋게 나누면 개똥 취급받을 수도 있지만, 꼭 필요한 대상을 찾아서 가진 것을 나눈다면 그것은 황금사과다.

수집된 정보 중에서 상대의 마음을 움직이고 감동을 줄 수 있는 것을 찾아본다. 그것을 이용하기에 따라 개똥도 되고 황금사과도 된다.

상대의 동의를 전적으로 믿지 말라

로마에서 야누스는 머리의 앞과 뒤에 얼굴을 가진 두 얼굴의 신(神)이다. 이런 신화 속 얘기에 나오는 신은 그 진면목을 외부에 드러나게 육체적 표현이라도 했지만 하나의 머리만 가진 인간은 단순한 것 같아도 그 마음은 천 갈래 만 갈래로 복잡해서 인간의 진면목을 알기란 구름 낀 밤하늘에서 별자리 찾기와 같다. 인간의 속내를 알기란 불가능하다는 얘기다.

자신의 마음도 제대로 모르는데 하물며 타인의 마음을 어떻게 알겠는가. 인간관계에 따라 때로는 그 속마음이 보일락 말락 한다. 하지만 그런 희미한 그림자로는 마음의 실체를 전혀 알 수 없다.

그래서 인간의 마음에 기대어 일을 도모하면 실망할 일이 반드시 생기는 법이다. 자신과 상대는 마음을 배제한 서로 이익과 관계되는 기본 원칙만을 지키는 것으로 만족해야 한다. 그 원칙은 간단명료해야 하고 그에 따른 책임소재를 분명히 해야 한다.

물론 상대자로 선택했으면 믿어야 일이 진행되지만, 시간이 갈수록 변하는 상황에 따라 자신의 마음과 상대자의 마음이 분명히 달라진다는 것을 인정해야 한다. 자신과 상대자가 한 번 약속했다고 그 약속을 철석같이 믿지 말라는 얘기다. 아무리 좋은 기계도 지속적인 관리를 하지 않으면 녹슬기 마련이다.

진퇴양난일 때 결단의 용기가 필요하다

울산 언양읍에 영남의 알프스로 불리는 신불산은 가을 억새로 유명하다. 내가 60살 되는 해에 억새를 보기 위해 홀로 신불산 등산을 출발했다. 초행길이었다. 등산로 입구에서 두 갈래 길이 있는데 나는 신불산 정상까지 거리가 짧은 코스를 선택했다.

올라가다 보니 조그만 폭포가 나오고 그 옆길로 올라가는 데 매우 가팔랐다. 그 가파름은 계속 이어졌는데 막다른 곳에는 바위에 걸려 있는 밧줄을 타고 올라야 했다. 아슬아슬한 장소도 있고 긴 철 사다리가 놓인 곳도 있었다. 그렇게 천신만고 끝에 정상에 올라가니 공룡 등 같은 울퉁불퉁한 바위가 산마루에 길게 이어져 있었다. 알고 보니 공룡능선으로 이름 붙여진 곳이었다.

이 능선 양쪽 편은 절벽처럼 보였다. 아찔했다. 안개가 약간 끼었는데 나는 다리가 부들부들 떨려서 도저히 발을 옮길 수가 없었다. 도로 돌아가자니 더 험한 길을 가야 할 것 같았다. 어쩔 수 없이 바윗길을 타고 엉금엉금 기다시피 신불산 봉우리에 올랐다. 봉우리에 가면 무언가 안내판이 있을 것 같았다. 초행길에서 나타난 모든 일은 우연이다. 나는 신불산 공룡능선이 그렇게 험한 줄 몰랐다. 그래도 먹어야 힘이 난다. 능선 한쪽 구석에서 김밥 한 줄을 꾸역꾸역 먹고 나니 기운도 좀 나는 것 같았다.

신불산을 혼자서 바위에 붙어서 거의 모험을 하다시피하고 나서 정상에서 주저앉고 말았다. 정상에는 사람들이 제법 많았다. 다소 안심이 됐다. 모두 단체로 온 사람들 같았다. 내려올 때 반대편 간월재로 내려왔는데 광활한 평원에 억새가 펼쳐져 있는데 장관이었다. 하산 길은 목재 다리와 목재 계단을 따라서 수월하게 내려왔다. 혼자서 투덜투덜 내려왔는데 시간이 제법 많이 걸렸다. 바위를 오르면서 긴장할 때는 손끝만 보였는데 여유를 가지고 내려오니 주변 경치가 볼만했다.

내가 갔던 길을 이미 아는 사람에게는 평범한 산행이지만 처음 가는 나에겐 모든 게 우연이었다. 우연 앞에는 용기가 필요하다. 세상일을 어떻게 미리 알겠는가? 무언가 철석같이 믿고 있어도 우연은 그 믿음을 하루아침에 바꾸기도 한다.

모르는 것은 당연한 일이고 모른다는 것을 안다는 것은 매우 좋은 일이다. 우연의 위기를 넘기면 모름이 즐거움이다. 낯섦과의 대화, 미지에 대한 탐험, 꿈을 향한 도전, 이 모든 게 모름에서 일어난 삶의 즐거움이다. 당장 눈앞에 나타난 미지의 현상으로 평정을 잃지 말아야 한다.

궁지에 있을 때 도움의 손길을 찾는다

어느 봄날 철쭉꽃을 보려고 달성군 근처에 있는 비슬산을 등산했다. 초행길이면서 혼자서 산을 올랐다. 오르막이 제법 가팔랐으나 그런대로 힘들지 않았다. 그런데 평일이라 그런지 비슬산 정상에 나 혼자 밖에 없었다. 그래서 하산 길을 찾으려는데 이정표가 보이지 않아서 난감했다.

왔던 길로 돌아가자니 그 길도 자잘한 나무 덩굴이 우거진 길이라 길을 찾기도 어려웠다. 마침 젊은이 두 사람이 올라오고 있었다. 그곳을 보니 길이 제법 좋았다. 일단 나는 그 길로 내려가기로 했다. 그런데 길은 좋은데 끝도 없이 내려가는 길이었다. 약 1시간 정도는 반쯤 뛰다시피 했는데 여전히 길은 산속에서 이어지고 있었다. 뭔가 잘못되었다는 생각이 들면서 불안해지기 시작했다. 그렇다고 되돌아갈 수도 없었다. 가는 데까지 가 보는 거였다. 마침 산 중턱 고개에서 옆을 보니 도로가 보였다.

이제는 되었구나 하고 길로 내려왔는데 도대체 어디가 어딘지 알 수가 없었다. 일단 길을 따라 고갯마루로 올랐는데 거기에 길을 표시하는 커다란 안내판이 있었다. 알고 보니 나는 헐티재로 내려왔고 유가사와 반대 방향으로 내려온 것이다.

난감했다. 나는 차를 유가사 주차장에 세워 놓았다. 유가사로 돌아가야만 했다. 고갯길에 천막으로 만들어 놓은 가게가 있길래 주인아줌마에게 유가사 가는 길을 물었다. 거기로 가려면 30킬로를 가야 한다는 것이다.

날은 저물어 가고 나는 조급한 마음에 그냥 헐티재 길을 따라 청도 방향으로 걸어가려고 마음을 다지고 일어섰다. 30년 전 해병대 시절 하룻밤에 50km를 걸었던 기억이 나를 무모하게 흔들었다.

아줌마는 늙은이의 행동을 지켜보았는지 걱정스러운 표정으로 내게로 와서 그 길로 걸어가면 차도 없고 곧 해가 지는데 어두운 산길을 가야 한다는 게다. 그러면서 지금 빨리 이쪽으로 내려가면 막차 버스를 탈 수 있을 거라고 했다. 고마움과 함께 다행을 기대하며 아픈 발을 이끌고 내리막길을 뛰다시피 했다.

참으로 다행히 정류장이 보였고 버스를 기다리는 사람도 보였다. 한숨 돌리고 바닥에 앉았다. 제시간에 나타난 버스를 타고서 운전기사에게 택시를 탈 수 있는 곳에 좀 내려 달라 부탁을 했다. 진절하게도 택시가 있는 곳에서 내려 주었다.

고갯마루에서 가게 아줌마를 못 만났더라면 나는 어떻게 했을까? 어디로 가는지도 모르고 무작정 길을 따라 내려갔을 것이다.

그리고 사람도 없는 길을 밤새 걸었을 것이다. 지금 생각해도 그 아줌마는 나에게 천사였다. 다행인 것이 또 하나 있었다. 마침 지갑에 택시를 타고 장거리를 갈 수 있는 돈이 있었다는 것이다. 산에서도 돈이 필요한 것을 절실히 느꼈다.

나는 비슬산 정상에 올라오던 젊은이에게 길을 물었어야 했다. 아는 길도 물어가라 했는데, 나는 그냥 길만 쳐다보고 걸어간 것이다. '어찌 되겠지!'라며 우연을 향한 기대는 악운을 웃게 만든다. 궁지에 몰렸을 때 조급함은 더욱 궁지에 빠지게 한다. 도움을 청할 수 있으면 최대한 활용해야 한다.

위기의 순간에 조급하면 위험하다. 당장 눈앞에서 벌어진 일에 넋을 놓지 말고 잠시 물러나서 안정을 찾아야 한다. 발등에 불이 떨어지더라도 조급해지면 불 끄려고 기름을 부을 수도 있다. 혼자서 위기를 넘기기 힘들면 도움을 청하는 수밖에 없다. 위기를 여러 사람에게 알려야 한다. 병도 여러 사람이 알면 치료할 방법이 생긴다. 혼자서 힘들면 외쳐라. "사람 살려!"

벼랑 끝에도 길은 있다

참담한 하루였다. 먹을 쌀이 없어 어머니는 이른 아침에 조금

남은 밀가루로 김칫국 수제비를 끓였다. 수제비를 먹으면서 엄마는 나에게 근처 친척 집에 가서 돈을 좀 얻어 오라고 했다. 엄마가 얼마나 힘들었으면 그 집에 가서 돈을 얻어 오라고 할까라는 생각이 들어 숟가락을 놓자마자 나는 일어섰다. 아버지는 새로운 일을 배우러 타지에 가 있었고 생활비로 준 돈이 바닥이 난 것이다.

나는 친척이 출근하기 전에 아침 일찍 만나러 갔다. 친척이 아직 자고 있어 방문 앞에서 한참을 기다렸다. 남보다 못한 사연이 있는 친척 집에 동냥하러 가서 문 앞에 쭈그리고 앉아 있으니, 그냥 세상이 온통 먹물로 뒤덮인 것 같았다.

잠자리에 일어난 친척이 나를 보더니 아무 말도 없이 호주머니에서 지갑을 꺼내 돈을 주었다. 그러면서 한마디 하는 거였다. "다시는 여기 오지 마라!" 중학교 2학년이었던 나는 그 말에 멍해졌고 '나는 거지구나'라는 생각만 머릿속에서 맴돌았다. 그래도 나는 그 돈이라도 얻었으니 다행이라 여겼다.

학교에 월사금도 아직 못 냈는데 오늘도 학교에서 무슨 나쁜 소리를 들을까 내심 걱정하며 등교했다. 아니나 다를까 담임 선생님이 출석을 부르더니 나보고 내일까지 월사금을 내라는 것이다. 하굣길에 차비를 아끼느라 대신동에서 영주동 터널을 지나 좌천동까지 걸어서 집에 갔다. 거의 매일같이 하는 하교 수단이라 별로 불편하진 않았다.

집에 도착하니 난생처음 본 광경이 벌어졌다. 우리 식구가 사는 단칸방이 온통 파여서 구들장이 뒤집혀 있었다. 어머니는 주인집 아줌마하고 말싸움하고 있었다.

월세방을 살면서 월세가 몇 달 밀리다 보니 주인집 영감이 곡괭이로 방구들을 파 버린 것이다. 당장 집을 나가라는 거였다. 어머니는 내가 아침에 친척에게서 얻어 온 돈으로 일단 한 달치 월세를 내고 원상 복구했다. 어머니에게 학교 월사금을 달라는 말은 할 수 없었다.

나에게 결석은 없다. 나는 돈은 없어도 공부는 잘했다. 우등생의 힘으로 일단 학교로 가서 몸으로 시간을 벌었다. 다행히 얼마 안 있어 아버지가 돌아왔다.

남 탓을 말자. 모든 운은 내 탓이다. 자존감이 상실되고 세상이 나를 멸시해도 평정심을 잃지 말자. 내가 사는 세상에서 일어나는 일들이 내 탓인 만큼 남의 시선과 남의 말에 흔들리지 말자.

우연 앞에서 "무엇이 돼야 할 텐데!"가 아니라 "무엇이 되려나?"라는 생각으로 여유로운 기다림이 필요하다. 쥐구멍에도 볕 들 날이 있다고 하지 않는가. 그 옛날 그 사람들은 이미 이 세상에서 다 사라졌다. 지나고 나면 별것도 아니다. 모르면서 일어난 일은 모두 우연이다. 우연 앞에서 자신에게 관대해지자.

나가며

농경시대처럼 봄, 여름, 가을, 겨울 등 계절이 언제 바뀌고 그때마다 무엇을 해야 할지 알아야 살 수 있던 시대는 지났다. 지금은 농경시대 사고방식으로 달력을 펴놓고 손가락을 꼽아서 인간 운명을 점치는 세상도 아니다. 이제는 정보와 지식 시대로서 창의적 노력으로 자신의 가치를 창출하는 시대다.

사명감은 삶의 현장에서 개인주의와 이기주의적 인간관계의 갈등으로 흔들리고, 허울뿐인 명예는 돈 앞에서 깃발을 엉거주춤 세우고 있다. 대학 입시는 가치와 돈의 흐름에 초점을 맞추고, 여기에 뒤질세라 극성스러운 부모는 어린 자녀의 장래를 일방적 부모 기대로 운명을 정하고 배움의 장소를 찾아서 몰고 다닌다.

시간이 흐를수록 빈부 사이에서 세상살이가 혼란스럽다. 젊은이의 눈과 귀는 '나 이렇게 돈을 많이 벌었다!'라며 목청을 높이는 사람에게로 몰린다. 상품은 전광판에서 화려하게 등장하며 소비자의 지갑을 노리고, 음식은 온갖 양념으로 혀를 유혹한다. 세상은 어느새 돈의 강물 옆에서 새로운 문화의 발상지를 만들고 있다.

한 번뿐인 인생이다. 그리고 죽음이라는 피할 수 없는 운명을 안고 있다. 그러면서 인간은 살아가는 동안에 항상 고통과 괴로움을 동반하고 있다. 마침내 나이가 들어 죽음을 눈앞에 두면 인생이 덧없고 부귀영화는 한갓 꿈이다. 무엇 때문에 악을 쓰고 바락바락 화를 냈을까? 왜 남을 짓밟고 더 많은 재물을 얻으려고 그리도 설쳤던가?

지나온 삶을 되돌아보면 수많은 인연이 눈앞을 스쳐 간다. 그러면서 현재 자신의 처지를 둘러본다. 이런 생각이 든다. 내가 왜 그런 사람을 만났을까? 내가 왜 그런 일을 선택했을까? 현재 자신이 평온하다면 그런 인연과 선택에 보람을 느낄 것이고 불행하다면 후회할 것이다. 과연 보람과 후회가 정해진 운명의 결과일까? 아니면 자신이 세상의 뿌려놓은 운명의 씨앗일까? 답은 자신이 알고 있다. 다만 운명이란 알고 보면 과거의 현상일 뿐이다. 만약에 현재 자신의 운명을 시간과 공간적으로 또는 신체적으로 어찌할 수 없다면 노래 가사처럼 "지나간 것은 지나간 대로" 흘려보내고 지금 여기서 마음의 평화를 구하는 게 현명한 처세라는 생각이 든다.